Das Buch

*Warum der Schauspieler
nie den Kommissar, im-
mer nur deren Assisten-
ten spielt, wird klar,
wenn man Schwill per-
sönlich kennt – oder ihn
in seinen Geschichten
kennenlernt. Der ist ein-
fach zu normal, zu bo-
denständig, zu irdisch.
Er ist wie du und ich. Er
liebt seinen Garten, die
Enkel, die Katzen und
seine Frau. Kein Fall für
den Boulevard, nichts
Schrilles und Schräges.
Seine Beobachtungen des
Alltags normaler Men-
schen (und Schauspieler)
sind der Stoff, aus denen
er seine Geschichten
strickt. Und die skurri-
len Figuren, mit denen
Kollege Boris Aljinovic
die Tatort-Drehbücher
veredelt, fand er so be-
merkenswert, dass er diese
zur Illustration seines
Buches verwendet.*

Der Autor

*Ernst-Georg Schwill,
Jahrgang 1939, Berliner,
stand mit 14 Jahren
zum ersten Mal vor der
Filmkamera. Er studier-
te von 1957 bis 1960
Schauspiel an der Deut-
schen Hochschule für
Filmkunst in Babelsberg,
arbeitete am Berliner
Ensemble und war seit
1970 beim Fernsehfunk
der DDR unter Vertrag.
Im Fernsehen ist er u. a.
im Berliner »Tatort« zu
sehen, seit 1999 hat er
bisher in 31 Folgen mit-
gewirkt. Seine Filmogra-
fie umfasst mehr als ein
halbes Hundert Produk-
tionen.
Schwills Erinnerungen
»Is doch keene Frage
nich« erschienen 2008
in der Eulenspiegel Ver-
lagsgruppe.*

Ein Mann
wie von nebenan

Von Gisela Steineckert

Er ist ein Kerl. Kein Mordskerl, wie man ihn sich in Kneipen, an Häfen oder in »Milieus« vorstellt. Ein proletarischer Typ gleichwohl, einer, dem man zutraut, dass er die Kohlen nach oben bringt und das Kind auf den Arm zu nehmen weiß. Für mich gehört er zu jenem Typ Schauspieler, der sich das Schöne erarbeiten muss. Und es kann. Darin ist er anderen aus der Branche der Mimen gleich. Das gilt für Woody Allen und Dustin Hofman ebenso wie für Robert de Niro. Unterschiedlich, welche Chancen, günstigere oder sogar noch härtere, die hatten, bis wir sie in unser Leben aufnahmen.

Es waren die geschichtlichen Abläufe in der Welt und die besonderen deutschen Verhältnisse, die den Künstlern in Deutschland Parkett oder Tennenboden zuwiesen.

Was sie, einer wie Schwilli, daraus machen konnten, zeigt sich, wenn wir sehr frühe Szenen einblenden können, in denen das Talent aufblitzte, ob sie eine Charge darboten oder eine der wichtigen Rollen spielten. Wir wollen nicht vergessen, was alles zwischen 1949 und 1990 eine gewichtige Rolle spielte, und dass die Künstler, Schauspieler wie Maler und Autoren, immer in die Mitte der politischen Ereignisse gestellt wurden. Und dass man ihnen mehr abverlangte, als aus der Tiefe ihres Wesens glaubwürdige Fremdlinge werden zu lassen. Da hat es gerade für solche Schauspieler wie Schwill nicht die gleichen Chancen gegeben wie in anderen deutschsprachigen Räumen.

Dennoch sehe ich diesen Mann bei seinem Spiel mit sorgsam eingeteilter, sparsamer Gestik und seinem ganz besonderen männlichen Tonfall zu und spüre, was da an proletarischer Kraft und intellektuellem Sinn, an Potential, angeboten wird und zu nutzen wäre.

Er ist ehrlich. Ein Mann, dem Intrigen und Machtspiele ebenso fremd sind wie das Vordrängen. Bietest du ihm Herzlichkeit an, wird dir das Geschenk seiner aufrichtigen Augen und seiner unverstellten Zuwendung zuteil. Solche Menschen werden gerne von größeren Machtspielern benutzt oder ausgenutzt. Er weiß darauf nicht mit den gleichen Mitteln zu erwidern, aber in seinem unverwechselbaren Gesicht mit den Falten des Lebens und den Augen, die alles erzählen können, spiegelt sich die Erfahrung wider, dass es so und nicht anders ist.

Er ist ein Familienmensch. Seine Ehe ist von Dauer, weil die beiden zusammengehören und alles teilen. Auch die Liebe zueinander und die zum Enkelkind, eine der Freuden ihres Lebens.

Denk ich darüber nach, würde ich sehr gerne mit ihm arbeiten. Ich wüsste ihm Figuren von tolldreister oder listiger Komik und großem Anliegen. Dafür ist es in unser beider Leben einmal zu spät, zum anderen leben wird dafür nicht in der richtigen Gesellschaft. Sie brauchen es nicht von uns, sie verlangen es uns nicht ab.

Also besuche ich ihn in seinem Garten und rede mit ihm über das, was wir machen könnten. Dabei wird sich finden, was sich machen lässt. Zu den Leuten gehen und mit ihnen reden über das, was auch heute mit der Kunst und dem Leben in vernünftiger Weise, und bitte auch in übertriebenem Maße, zu machen ist.

Und dann werde ich ihm sagen: Dank dir und Anke dafür, dass ihr mir nach eurer Art euer offenes Herz und eure Gedanken angeboten habt.

Eure Gise

P. S. Er ist zur Zeit ein benutzter, ein unterforderter Schauspieler. Aber in meiner Vorstellung könnte er ein großer Mime sein. Kein König Lear, das nicht. Aber ein Azdak, ein weiser, listiger, lebenserfahrener Richter. So könnte ich ihn sehen.

DET IS NEN JANZ
KLEENET BÖMBCHEN

Unser Charly

Ich kam im Mai 1991 zur Welt – und zwar im Heizungskeller der Wilhelm-Pieck-Straße 7-11 in Berlin-Mitte. Sie sehen schon an den Hausnummern: Ich hatte ein großes, aber auch ein gefährliches Umfeld. Meine Mutter war eine fürsorgliche Dame. Sie wusch und fütterte uns und passte auf, dass uns niemand etwas tat. Auch unser Herbergsvater, der Heizer, kümmerte sich liebevoll um meine Mutter. Er stellte ihr eine Obstkiste als Nachtlager hin, mit einer Decke. Na gut, der Fressnapf war nicht immer sauber und nie so richtig voll. Auch der Wassernapf hatte immer einen leichten Rußfilm.

Eines Tages, es musste so Ende Oktober gewesen sein, saß unser Betreuer und Pflegevater an seinem Tisch und teilte sein Frühstück mit uns und weinte. Ganz leise. Die Tränen liefen über seine Wangen bis zum Kinn. Er machte sich nicht die Mühe sie abzuwischen. Er sah zu uns hinüber, schüttelte den Kopf und fragte, dass wir es kaum vernahmen: »Was soll bloß aus euch werden?«

Am nächsten Tag erschien er nicht zur Arbeit, und auch in den nächsten Tagen sahen wir ihn nicht. Wir blieben ohne Frühstück. Meine Mutter machte sich auf die Socken bzw. auf die Pfoten, um etwas Essbares zu finden. Meist kam sie mit leerer Schnauze zurück. Die Menschen waren nicht sehr freundlich wie einst, obwohl wir ihnen die Mäuse und Ratten vom Halse hielten.

Eines Tages kamen mehrere Männer in unseren Keller und verursachten einen solchen Lärm, dass wir in unserer Kiste kein Auge schließen konnten. Der schöne Ofen, an dem wir uns sonst wärmten, wurde auseinandergenommen und an seiner Stelle ein summendes Technikmonstrum gesetzt. Über Wochen war es unerträglich laut.

Wir fanden kaum was zum Fressen. Die Mülltonnen, die ich mit Mutter und meinen Geschwistern aufsuchte, waren keine Fundgrube, wohl aber eine Falle. Wenn jemand den Deckel zuklappte, mussten wir so lange warten, bis ihn jemand wieder öffnete. Mit einem Sprung retteten wir uns in die Freiheit, worauf der Jemand heftig erschrak und über uns schimpfte.

Mutter mauzte des Öfteren über die Menschen, die kaum noch essbare Abfälle wegwarfen, und erklärte uns eines Tages: »Ihr seid jetzt groß genug, ihr müsst nun selbst für euch sorgen. Sucht euch ein anderes Quartier, wenn ihr nicht weiter im Keller hausen und in Mülltonnen schauen wollt. Passt auf, dass ihr nicht unter die Räder kommt. Vielleicht findet ihr, was das Beste wäre, Anschluss und eine Familie. Das freie Leben ist dann vorbei, ihr seid eingesperrt in einer Wohnung, müsst euch streicheln lassen, aber ihr habt regelmäßig was zu fressen und zu trinken und ein warmes Bett.«

Mutter, die offenbar schon bessere Tage als diese erlebt hatte, fügte beunruhigend hinzu: »Wenn es euch nicht passt, ständig gestreichelt zu werden, dann könnt ihr kratzen, beißen oder fauchen. Aber dann riskiert ihr alles. Dann landet ihr im Tierheim oder auf der Straße.« Aha. Wir staunten über unsere Mutter: Was die alles wusste.

Inzwischen war es Dezember geworden, die Menschen eilten, in dicke Mäntel gehüllt, durch die Straßen. Überall hingen bunte Lichterketten und Sterne in den Fenstern. Mutter meinte, das sei eine gute Zeit, um Bekanntschaften zu schließen. Bei einem solchen Mistwetter?

Ich saß allein vor einem Kellerfenster und beobachtete Menschen, wie sie in einem Haus verschwanden. Die Tür schloss sich sehr langsam. Also schnell hinterher. Drinnen war es gewiss wärmer und trockner.

In der ersten Etage öffnete sich eine Tür, die aber offen blieb, das hörte ich ganz deutlich. Also schnell mal gucken, wie es da drinnen so aussieht, dachte ich mir. Ich hatte ja noch nie eine Menschenwohnung von innen gesehen.

Ich zwängte mich durch den Spalt. Oh, es war wohlig warm hier. Ich sah einen langen Raum mit mehreren Türen. Aus jeder roch es anders, wie ich mit meiner feinen Nase spürte.

Hier riecht es nach Waschpulver, also weiter.

Ich kam bis zur Küche. Da roch es angenehm nach Futter. Ich sah eine Frau. Sie zuckte zusammen, als sie mich erblickte. Ich ging in die Hocke, bereit zum Absprung.

»Wer bist du denn? Hast du dich verlaufen?«, sagte die Frau. Das klang freundlich.

Ich legte meinen Kopf schief und wartete ab, was noch kommen würde.

Sie holte eine Schüssel, goss Milch hinein und stellte sie auf den Fußboden. Nicht vor meine Nase. Das war anständig. Auch dass sie ein paar Schritte zurücktrat. So blieb mir immer noch genug Zeit zu verschwinden, ehe sie an mich herantreten oder gar zudringlich würde. Ich blieb vorsichtig, wie es mich Mutter gelehrt hatte.

Durst und Neugier trieben mich zur Schüssel.

Die Frau ließ mich in Ruhe.

Dann kam noch eine zweite Person in die Küche. Ein Mann. Nichts wie weg! Ich flüchtete mich unter einen Schrank und beobachtete.

Der Mann sagte: »Was war das? Eine Ratte?«

Die Frau reagierte gelassen. »Schau doch hin. Das ist eine Katze.«

»Und wo kommt die her?«

»Keine Ahnung. Sie stand plötzlich hier.«

»Ist die bei Plenzdorfs ausgebüxt?«

»Nee, glaub ich nicht. Das ist ein Streuner. Schau dir mal das stumpfe Fell an. Und wie mager die ist.« Das fand ich beleidigend. Ich hatte mich immer geputzt und die Pfoten geleckt.

»Ich werde mal Ute Lubosch fragen, ob die noch ein Katzenklo und etwas Futter übrig hat. Die hat doch selber Katzen«, hörte ich den Mann sagen.

»Aber wir wollten doch nach dem Hund kein Tier mehr«, wandte die Frau ein. Mir schien jedoch, dass sie dies nur der Form halber erwähnte. Sie hätte mich ja gleich aus der Wohnung werfen können, wenn sie es denn vorgehabt hätte. Sie wollte es also nur gesagt haben.

Der Mann verschwand.

Wenig später kam er mit einem Jungen wieder. Der hatte so eine flache Schale mit irgendwelchen Krümeln, die er mir vor die Nase hielt. Ich blieb unter meinem Schrank. Das sei ein Katzenklo, sagte er zu mir, das stelle er jetzt auf den Balkon, da solle ich künftig mein Geschäft verrichten.

Was meinte er damit?

Der Bengel sagte, sie müssten mich unbedingt zum Tierarzt bringen, wenn sie mich behalten wollten. Man wisse ja nie …

Was weiß man nicht, dachte ich. Was haben die denn für Sorgen? Was überhaupt ist ein Tierarzt? Ich steckte neugierig meine Nase unter dem Schrank hervor. Wo war der Balkon?

»Ich glaube, Charlotte muss mal pinkeln«, sagte die Frau.

Wer war Charlotte?

Ich trottete langsam, immer an der Wand lang, neugierig aus der Küche.

»Charlotte, hier geht's lang«, sagte der Mann und schlurfte vor mir her. Er öffnete eine Tür. »Hier ist dein Klo.«

Also schön. Wenn ich ihnen damit eine Freude machte, sollte es so sein. Ich hockte mich in diese Schale, nachdem ich dreimal um diese herumgelaufen und an ihr gerochen hatte. Da hatten sich schon andere vor mir entleert.

Danach packte mich der Mann unvermittelt und ehe ich mich verdrücken konnte am Schlafittchen und steckte mich in eine Tasche. Es machte »Ratsch«, dann wurde es dunkel.

Nach einer unendlich langen Schaukelreise wurde es wieder hell. Ein Mann im weißen Kittel holte mich aus dem Verlies hervor.

»Einschläfern?«, fragte er den Mann, der mich offenbar hierher getragen hatte.

»Um Gottes willen, nein«, rief der entrüstet. »Charlotte ist uns zugelaufen. Sie sollen nur feststellen, ob die Katze gesund ist. Meine Kollegin Ute Lubosch hat mir dazu geraten.«

»Aha«, sagte der Mann und hielt mich am gestreckten Arm. Dabei musterte er meine Unterseite sehr aufmerksam.

»Die Katze, Herr Schwill, ist ein Kater.«

»Oh«, machte der. »Dann handelt es sich also um einen Charly und nicht um eine Charlotte.«

»So ist es«.

Aha, ich war also ein Kater, dachte ich. Hatte ich selbst noch nicht bemerkt.

Was aber, bitteschön, ist ein Kater?

Nachdem der Weißkittel einige Zeit an mir herumgefummelt und mir in jede Öffnung geschaut hatte, meinte er, dass meine Ohren voller Milben seien, aber das sei kein Problem, das bekäme er wieder hin. Ansonsten schiene ich gesund und ohne erkennbare Schäden zu sein.

»Sie wollen ihn also behalten?«

Der Mann, den der Weißkittel »Schwill« nannte, nickte.

So kam es, dass ich wenig später unter einem Nadelbaum lag, an dem Kugeln hingen. Sie glänzten in verschiedenen Farben. Aus jeder Kugel schaute eine Katze. Ich stubste sie mit meiner Pfote an, um sie zum Spielen einzuladen, doch keine reagierte. Die Kugel schwang nur hin und her. Ich hörte zwar ein Miau, aber es war immer nur mein eigenes. Manchmal fiel die Kugel auch zu Boden und zersprang. Aber auch in den Scherben war keine Katze. Sie hatte sich offenbar in Luft aufgelöst. Blödes Vieh.

Nach einer Weile wurde es mir zu bunt. Ich hatte alle Katzen in Reichweite angesprochen und keine antwortete. Ich nahm Anlauf und sprang in den Baum. Irgendeine Katze würde schon daraus hervorgekrochen kommen, um mit mir zu spielen, dachte ich. Der Baum fiel um, die Kugeln gingen zu Bruch. Keine Katze kam.

Stattdessen kamen die Frau und der Mann ins Zimmer. Das sei aber eine Bescherung, riefen sie wie aus einem Munde, und es klang nicht sehr erfreut. Wenige Tage später stand ein anderer Baum in Flur. Da ließ sich wunderbar hinauf- und hinabklettern, wozu die beiden ihn wohl auch hingestellt hatten. Oben konnte man mit der Pfote den Vorbeigehenden zeigen, dass ich mit ihnen spielen wolle, doch das verstanden sie selten.

In anderer Hinsicht waren sie jedoch lernfähig. Sie brauchten nicht lange, um zu begreifen, dass ich etwas zu fressen haben wollte, wenn ich mich vor den leeren Napf setzte und mein Klagelied anstimmte. Auch wenn ich ihnen zwischen den Beinen herumstrich, wussten sie, wonach mir der Sinn stand. Dass ich nicht alles zu mir nahm, was sie in den Napf gaben, hatten sie ebenfalls bald gerafft. Zugegeben, ich bin nicht verwöhnt. Aber auch kein Allesfresser.

Irgendwann hatte der Mann begriffen, dass ich mich nachts in meinem Bett fürchte und wie die meisten Menschen nicht gern allein schlafe. Er hatte dann nichts mehr dagegen, dass ich unter seine Bettdecke kroch.

Ich war, wie mir schien, sehr verträglich und ließ den Menschen manches durchgehen. Etwa dass sie mich auf den Arm nahmen und streichelten. Ich ließ sie gewähren, weil es ihnen offensichtlich Spaß machte. Bisweilen aber ging mir der Spaß zu weit. Etwa wenn sie mir über den Bauch strichen. Dort war ich kitzlig und verstand, wie gesagt, keinen Spaß. Ich fuhr meine

Krallen aus und biss sogar, wenn sie es partout nicht ließen. Das hinterließ Spuren. »Du siehst aus, als wärst du in eine Dornenhecke gefallen«, hörte ich manchmal die Frau kichern, wenn sie ihren lädierten Mann sah. Selber schuld, sagte ich mir.

Die meiste Zeit des Tages verbrachte ich schlafend in einer Ecke. Was sollte ich auch sonst tun? Mäuse musste ich nicht fangen, auch nicht in Mülltonnen springen. Wenn ich Hunger hatte, gab's was Leckeres zu fressen. Und mit mir selbst zu spielen machte keinen Spaß.

Selten weckte etwas meine Neugier. Etwa so ein Ding mit vier Rädern, dass eine fremde junge Frau in die Wohnung schob. Sie nahm ein schreiendes Bündel heraus und verschwand im Wohnzimmer. Ich sprang von meinem Baum auf das Verdeck und nahm eine Geruchsprobe. Es duftete angenehm nach Milch und Honig und, naja, auch ein wenig streng. Da muss wohl jemand nicht ganz dicht gewesen sein. Die Felldecke drin sah sehr kuschelig aus und lud geradezu ein, dort ein Nickerchen zu machen. Ich sprang also hinein und suchte mir eine bequeme Ecke.

Wie lange ich geruht und geträumt hatte, weiß ich nicht mehr. Die beiden Frauen rissen mich aus dem Tiefschlaf und riefen: »Das gibt's doch nicht« und »Mach, dass du rauskommst«. Sie schienen jedenfalls meine Befriedigung sichtlich nicht zu teilen. Ich war darüber sehr verstimmt und verabschiedete mich für den Rest des Tages in meine Ecke. Nach einiger Zeit schenkte man mir die flauschige Decke. Vermutlich hatte man noch immer ein schlechtes Gewissen. Nun wollte ich sie nicht mehr. Viel lieber spielte ich mit dem Mädchen, das einmal darunter gelegen hatte. Mit der Kleinen hatte ich viel Spaß. Sie durfte mich sogar am Schwanz durch die Stube ziehen. Keinem anderen hätte ich dies erlaubt.

Am Schönsten aber war es im Garten.

Dort gab es Mäuse und Vögel, mit denen man wunderbar spielen konnte. Leider gaben sie oft am Ende keinen Pieps mehr von sich, was ich und die Schwills sehr bedauerten.

So gingen denn die Jahre dahin, wir wurden gemeinsam alt und älter. Eines Tages kam ein junger Kater ins Haus. Er war schwarz und naseweis und ging mir auf den Zünder. Ich sage nur: Altersrassismus. Er machte sich an meinen angestammten Orten breit und besetzte sie wie selbstverständlich. Und wenn ihm was nicht passte, sprang er mir auf den Rücken. Einfach so. Selbst mein Klo okkupierte er. Irgendwo musste ich mich ja entleeren. Gut, es hätte nicht unbedingt das Bett vom Herrchen sein müssen, aber er hatte verstanden. Wir haben uns danach lange in die Augen geschaut. Er sah, was mit mir los war. Ich hatte keine Lust mehr auf diesen fortgesetzten Streit mit dem schwarzen Kater. Ich war müde und alt.

Er hat geweint. Zum ersten Mal. Bevor wir zum Arzt gingen, fuhren wir noch einmal in den Garten, um Abschied zu nehmen. Ich habe nicht mehr viel gesehen, denn die Augen wollten auch nicht mehr so richtig. Aber ich hörte die Vögel zwitschern und die Blätter rascheln und ich erinnerte mich der schönen Zeit, die ich hier hatte.

Ach, ein Katzenleben kann schon angenehm sein, wenn man's gut trifft.

Der grüne Georg

Als Kind musste ich immer Karnickelfutter besorgen. Ich wusste, was gut oder schlecht für die Langohren war, was sie gern fraßen und was nicht. Der Weg zu den Weiden, wo schönes sattes Gras und Löwenzahn wuchsen, führte an Gärten vorbei, in denen andere Obstbäume standen als in unserem Garten. Ich merkte mir für die Zeit der Ernte, wo Erd- oder Himbeeren standen. Die Vorfreude auf späteren Genuss stimmte mich fröhlich.

Auch das Rauschen der großen Espen und Pappeln, bei starkem Wind, verlieh mir Flügel, wenn die Windböen mich von hinten erwischten. Beim Vorbeigehen am Teich sah ich, wie sich das Schilf fast bis zur Wasseroberfläche neigte und wieder aufrichtete, wenn der Wind nachließ. Ein schöner Anblick war, wenn die Naturgewalten sich austobten und nichts dabei zerstörten.

Ich hatte immer »Grün-Phasen«: während der Lehre von 1954 bis 1957 im Wohnheim in der Wißlerstraße in Hirschgarten, direkt an der Spree, und danach beim Schauspielstudium in Babelsberg. Unser Tanz-, auch Ballettsaal genannt, lag direkt am Griebnitzsee – überall wuchsen große dicke Bäume. Die Zeiten zwischen den Grünphasen wurden immer wieder durch Stadtaufenthalte unterbrochen, bis ich Sabine kennenlernte. Ihre Eltern hatten einen Garten in der Nähe von Königs Wusterhausen, ihre Großeltern einen in Zernsdorf, den sie aber wegen Alter und Krankheit nicht mehr bewirtschaften konnten. Ich engagierte mich bei Sabines Eltern auf dem Grundstück, was dazu führte, dass wir den Garten ihrer Großeltern übernehmen durften. Was für eine Freude! Ein Garten in einem Ort mit Bahnanschluss, dazu ein Mädchen … Sabine, die meine Frau wurde, war jedoch nicht sehr begeistert. Das Grün mochte sie schon, nicht aber die damit verbundene Plackerei.

Der Weg vom Bahnhof zum Garten stieg leicht an, zehn bis zwölf Meter Höhenunterschied vielleicht, die in zehn Minuten zu bewältigen waren. Schon von der Ecke Mittelstraße sah man den Zaun: etwas Draht, mehrere Löcher, wieder Draht, das Tor, von dem nur noch das Gerippe zu erkennen waren. Dann wieder Loch mit etwas Draht. Und das Ganze wurde durch eine Fliederhecke gehalten. Ein trauriger Anblick.

Ich kaufte Zaungitter 1,40 mal 2,00 Meter, Rechteckprofile und anderes Zubehör, und fragte meinen Nachbarn in Berlin, olle Manfred. »Ja, ick helfe dir, mach du aber erstmal die Hecke und den alten Zaun weg.«

Wo beginnen? Als erstes musste der Zaun weg: wegen der Bewegungsfreiheit, um an die Fliederhecke zu kommen. Als das geschafft war, entstand die Frage: Wohin mit dem Schrott?

Und wie bei Alice im Wunderland kam ein Pferdefuhrwerk vorbei, hielt an und der Kutscher sagte: »Na endlich macht mal einer was! Wohin mit dem Abfall?«

»Nur weg.«

»Wenn Sie mir beim Aufladen helfen, sind sie ihn los.« Nachdem das erledigt war, drückte ich ihm einen Zehner in die Hand.

»Wenn Sie auch die Hecke loswerden wollen, sagen Sie Bescheid.«

»Morgen.«

»In Ordnung. Hüh«, sagte er, und die Pferde setzten sich in Bewegung.

Ich war froh über die unerwartete Hilfe und legte mich ins Zeug, die Hecke auszugraben. Zwanzig Meter am Stück. Wurzeln, Wurzeln ohne Ende.

Abends fiel ich todmüde ins Bett wie ein Stein ins Wasser. Mann, war das eine Schufterei gewesen, aber ich war glücklich, es geschafft zu haben.

Das trockne Holz warf ich anderentags hinter dem Häuschen auf einen Haufen, um mir später mal ein Feuerchen zu machen.

Der Garten wies einen lockeren Baumbestand auf, zwei Zwillingskiefern, etwa 60 Jahre alt, eine Linde, ein Weiß- und ein Rotdorn, Haselnuss, Robinien, Maulbeerbäume und ein Ahorn, dazwischen aber immer wieder Kiefern und eine

Birke nahe der Hütte, die bei Regen das Wasser aufsog, wodurch das Fundament trocken blieb. Woran die Menschen alles gedacht hatten, als sie Ende der 20er Jahre das Häuschen errichteten.

Was ich an unterschiedlichen Grüntupfern und Schattierungen bei Sonnenschein oder grauen Regenwolken beobachten konnte, war umwerfend. Ich lag so manches Mal im Gras und träumte. Die Wolken zogen über mir hinweg, die Schatten von den Bäumen wanderten mit der Sonne. Es war traumhaft schön – und ist es noch immer. Seit mehr als vier Jahrzehnten genieße ich es, dort zu sein.

Im Garten befinden sich zwei Wasserzisternen mit Ablassventil. Man kann das Wasser aus der Pumpe in die Zisternen schütten und so Beete und Blumen gießen. Unter einer dieser Zisternen war ein Kühlkeller oder Splitterbunker eingebaut. Drei Stufen führten nach unten, wo drei Personen in gebückter Haltung Platz fanden.

Seitlich vor der Hütte spendete eine Handpumpe Wasser, welches wir zum Trinken und Kochen brauchten. Das war auf Dauer zu anstrengend. Wir suchten Anfang der 70er Jahre nach einem Brunnenbauer. Heinz Schulz war bestens vertraut mit Wasseradern und -läufen in unserem Dorf. Er sah sich um und sagte: »Können wir machen. Habt ihr Kraftstrom?«

»Nee.«

»Dann seht erst mal zu, dass ihr Strom kriegt.«

Es begann der lange Weg des Strombesorgens. Elektromeister Vetter fragte nach Kabel, Drehstromzähler und Stahlrohren für die Straßenunterführung, sonst ginge gar nichts. Wir hatten Oberleitungskabel, die bei Wind und Regen bisweilen aneinandergerieten und Funken sprühten.

Den Drehstromzähler holte ich aus Oranienburg, die Rechnung für das Gerät bezahlte ich in einem Elektroladen in Eichwalde. 30 Meter Erdkabel transportierte ich mit einem geliehenen Moped und Fahrradanhänger von Wildau nach Zernsdorf.

»Tja, Herr Schwill, jetzt fehlt noch der Mastendverschluss!«

»Wo bekomme ich den?«

»Lassen Sie mal gut sein, den besorge ich«, sagte er generös. »Aber den Graben fürs Kabel müssen Sie noch buddeln!«

Nach 14 Tagen konnte Vetter loslegen. Er war erstaunt, dass wir binnen eines halben Jahres alle seine Forderungen erfüllt hatten.

Nun hatten wir Kraftstrom, der Brunnenbauer konnte kommen.

»Herr Schwill, wofür brauchen Sie das Wasser?«, erkundigte er sich.

»Zum Trinken, Kochen, Duschen, für Blumen und Kräuter. Und auch für die Bäume.«

»Die Bäume wachsen von allein. Also ein Kessel für 150 Liter müsste reichen. Haben Sie den?«

»Nee, aber wir könnten ihn besorgen.«

Max, mein Schwiegervater in Rostock, trieb an der Küste einen auf und schickte ihn per Bahn.

Brunnenbauer Schulz erschien mit mittel-schwerem Bohrgerät und seinen zwei Söhnen. Hansi und Thomas hatten die Figur von Ringern. Sie schleppten Dreibock, Windehandbohrer und andere Gerätschaften. Nun konnte es losgehen.

»Wenn Sie mir helfen könnten, Herr Schwill, das wäre schön! Ziehn Sie die Lederhandschuhe an.«

»Warum?«

»Wegen der Läuse.«

»Welcher Läuse?«

»Das werden Sie schon merken!«

Ich streifte sie mir über.

»Also passen Sie mal schön auf, was wir hier so machen. Ich sag Ihnen dann, wann Sie mit an-packen können. Aber latschen Sie mir nicht vor die Füße.« Ich zog die Handschuhe wieder aus.

Nachdem die Vorbereitungen abgeschlossen waren – der Dreibock stand, das Drahtseil war in die Winde eingehangen, der Stauch lag parat – wurde gebohrt. Per Winde und Drahtseil ver-schwand alsbald der Stauch im Erdloch. Der Chef zog ihn nach einer Weile hoch und kippte ihn um, um festzustellen, welche Sand- oder Kiesschicht durchbohrt worden war. Nun sollte auch ich einmal am Seil ziehen, um den Stauch zu füllen. Ich griff das Drahtseil ohne Handschuh und ließ es durch die Hand gleiten. Aua!

»Sehen Sie«, griente Brunnenbauer Schulz. »Das sind die Läuse. Jetzt wissen Sie's.«

Ich hatte meine Lektion gelernt und machte fortan nur noch das, was er sagte – aber mit der nötigen Vorsicht.

Irgendwann stießen wir auf Wasser. Das wurde mit ein paar Wässerchen gefeiert.

Das war der Beginn einer arbeitsteiligen Freundschaft. Seine Söhne Hansi, Thomas und Achim halfen mir gelegentlich und ich ihm bisweilen im Gegenzug. Heinz Schulz hatte noch eine Tochter, Gudrun, die ein wenig eigenwillig schien, und Harald, den Jüngsten, der taubstumm war, aber mit seiner Behinderung ganz locker umging. Er war ein fröhliches Kind und spielte mit den anderen.

Heinz Schulz hatte auch einen angestellten Brunnenbauer, der trug den gleichen Namen. Um Verwechslungen zu vermeiden, nannten sie sich Thomas 1 und Thomas 2.

Dann gab es noch einen Schulze am Ort. Das war der ABV. Unsere Bekanntschaft nahm ihren Anfang bei unserem Lagerfeuer hinterm Haus.

»Guten Abend, Deutsche Volkspolizei. Ich möchte mal Ihre Löschmittel sehen.«

Ich wies auf Harke, Spaten, Wassereimer.

»Alles klar, aber da fehlt noch was!«

»Was denn?«

»Na, nicht's zu trinken dabei?«

»Doch, eine Flasche Rotwein.«

»Hätt' mich auch gewundert. Gut, aber das ist harmlos, also keine Gefahr. Schönen Abend noch.« Er tippte sich an die Dienstmütze und verabschiedete sich.

Wochen später kamen wir ins Gespräch. Seit 1946 war er Polizist.

»Wie habt ihr damals Diebe verhaftet?«

»Na, ganz normal: die Hände an einem Strick zusammengebunden, den hinten am Fahrrad festgemacht, und ab nach Königs Wusterhausen. Sind doch nur fünf, sechs Kilometer. Ich bin gefahren, er musste laufen. Handschellen hatten wir keine.«

DA IS ABER HERR WACHTMEISTER NOCHMAL MIT NEM VERBRANNTEN AUGE DAVONGEKOMMEN.

Diese Geschichte bauten wir 1984 in dem zweiteiligen Fernsehfilm »Schwere Jahre« (Regie Hans Hildebrandt) ein. Ich war der Dieb und musste hinter dem Fahrrad laufen.

Horst Schulze, groß wie ich, also geschätzte 1,59 Meter, war ein sympathischer Dorfpolizist mit einem beachtlichen Repertoire an Geschichten, die sich in seinem langen Berufsleben zutrugen. Kleine, banale Begebenheiten aus dem Fach »Die Polizei, dein Freund und Helfer«.

Als leidenschaftlicher Jäger kannte er die Wälder rings um Zernsdorf wie seine Westentasche. Schulze bildete Jagdteckel aus, die er nach der Ausbildung abgab. Meist schenkte er sie sowjetischen Offizieren, wenn sie nach Hause zurückkehrten. Wenn er wieder einmal einen Teckel abgegeben hatte, war er tieftraurig. Man konnte kaum mit ihm reden. Nach einer Woche ging es wieder. Dann lud er mich ein, ihn auf der Jagd zu begleiten. »Aber du musst dich warm anziehen!«

Wir stiegen aufs Motorrad. Seinen Teckel trug er im Rucksack vor der Brust. »Heute ist Hirsch angesagt – und nur Hirsch.«

Das Motorrad stellte er in großer Entfernung vom Hochsitz ab. Es war sehr später Nachmittag, als wir hinaufstiegen. Horst legte den Finger auf die Lippen. »Ganz leise sprechen – und nur wenn nötig.«

Ich war ganz aufgeregt, als ich die ersten Hasen sah. Horst schüttelte den Kopf, die Lippen formten sich zu dem Wort »Hirsch«. Dabei reckte er zwei Finger hinter seinem Kopf.

Es defilierten Rehe, Wildschweine und sogar ein Dachs an unserem Hochsitz vorbei. Aber kein Hirsch.

Plötzlich fiel ein Schuss in der Ferne.

Horst sagte: »Jetzt können wir abbrechen, bei uns kommt keiner mehr vorbei.«

»Wieso?«

»Ernste, wenn du einem Jäger mal die Tour vermasseln willst, musst du nur so etwa dreißig Meter vom Hochsitz entfernt in den Wald kacken. An diesem Tag und an den nächsten Tagen wird kein Wild mehr vorbeikommen.«

Nun bin ich zwar kein Jagdfreund, aber auch kein militanter Gegner, denn eine vernünftige Reduzierung des Wildbestandes muss vorgenommen werden, aber in den Wald kacken werde ich trotzdem nicht!

Einmal musste Horst bei der Verkehrspolizei in KW an der Autobahnabfahrt Niederlehme aushelfen. Horst übernahm die Raser, die er persönlich kannte. »Mann, muss das sein?«, belehrte er vorschriftsmäßig den Verkehrssünder, »ich muss dir jetzt zwei Stempel verpassen. Halt mal das Stempelkissen.« Er nahm die Fahrerlaubnis, die wie der Personalausweis in einer Plastehülle steckte, und zog das Kärtchen mit den fünf Kreisen aus der Innenseite der Hülle. Dann hauchte er den Stempel an und drückte ihn nicht auf, sondern neben das Kärtchen auf die Plastehülle. »Angenehme Weiterreise.« Er reichte die Fleppen zurück, und fügte leise hinzu: »Abwischen musste schon alleine ...«

Und laut für die umstehenden Genossen wiederholte er: »Beim nächsten Mal wird es teurer!«

Besuch beim Nachbarn

Heinz und Marianne Witzki, ein Ehepaar, waren liebe Leute. Heinz arbeitete in einer Druckerei, Marianne als Köchin beim FDGB. Als jedoch Marianne aus mir unbekannten Gründen das Gehör verlor, ließ sich Heinz scheiden. Fortan kümmerte sich Marianne um mein leibliches Wohlergehen. Ich revanchierte mich bei ihr mit kleinen Dienstleistungen.

Wenn irgendetwas zu reparieren war, was sie nicht selber schaffte, fragte sie mich.

»Ist doch keene Frage nich«, antwortete ich.

Nach getaner Arbeit erkundigte sie sich: »Was kriegste denn dafür?«

»100 Mark West und 'ne goldene Taschenuhr«, sagte ich. Wir lachten und der Fall war erledigt.

Marianne war gutmütig. Eines Tages kam ein Ehepaar mit zehnjährigem Sohn aus Thüringen zu Besuch. Heinz war ihr Cousin. Die drei machten Urlaub in Mariannes kleiner Hütte, die aus einem Raum bestand. Hinter dem Haus gab's ein Plumpsklo, Wasser kam aus der Handpumpe.

Heinz war Berufsschullehrer, aber alles Praktische war ihm zuwider. Dennoch bot er sich überall an zu helfen. Aber wenn es mal wirklich zur Sache ging, war er blitzschnell verschwunden.

Heinz Krause war nicht nur ehrgeizig, sondern auch geizig, heute heißt das ja sparsam. Als seine Frau Ulla ihren 40. Geburtstag während des Urlaubs feiern wollte, ging sie zuvor die Gästeliste durch. Je mehr Namen aufgerufen wurden, desto mehr verzog Heinz das Gesicht. »Da reicht ein Kasten Bier nicht«, warf er ein, und: »Mit zehn Bratwürsten kommen wir da nicht hin.« Damit wollte er offenkundig die Liste gekürzt wissen.

Es wurde schließlich beschlossen, bei Käferts zu feiern, einer Ausflugsgaststätte an der Lanke. Heinz erkundigte sich sofort, wie teuer das werden könnte.

»Naja, pro Nase bestimmt zehn bis zwölf Mark«, sagte ich.

»Aua, das ist ja ganz schön happig«, sagte er verstimmt.

»Aber Heinz, deine Frau wird nur einmal 40, da wird dir das wohl nicht zu teuer sein.«

Wir Nachbarn organisierten den Transport der eingeladenen Gäste mit Pkw. Bei Käferts gab es Forelle, und allen schmeckte es prima – bis auf Heinz. Und als es nach dem Essen noch einen Verdauungsschnaps gab, weigerte er sich, diese Runde auf die Rechnung setzen zu lassen. »Den bezahl ich aber nicht«, protestierte er.

Dabei hatten wir auch den schon längst bezahlt: Das Essen war unser Geschenk für Ulla.

Als wir Heinz aufklärten, hörte man den Stein plumpsen, der ihm vom Herzen fiel.

Die Honigbahn

Ich steige in KW in die Ostdeutsche Eisenbahn, die nach Frankfurt an der Oder fährt. Sie ist gelb. Wie Rapshonig. In Zernsdorf steige ich aus, gehe in Fahrtrichtung, passiere eine Halbschranke und laufe die von alten Linden und Robien gesäumte Allee entlang, die Zum langen Berg heißt.

Nach einer Kurve heißt die Straße Platanenallee. Aber dort steht kein Baum.

Bis auf die über hundert Jahre alte Zwillingskiefer, deren Äste gestützt werden müssen, um nicht zu brechen. Auf der Bank davor sitzt mitunter ein älterer Herr und trinkt einen. Die Leute nennen ihn »Sanitätsrat«, weil er im Berufsleben einen Krankenwagen fuhr.

In der Nähe dieser Bank ist ein Garage. Auf deren Tor ist eine Lokomotive gemalt, dazu ein Schriftzug »Honigbahn«.

Beim Blick über den Zaun sieht man Gleise und einen Kasten mit zwei Schlitzen. Dort kann man Ein- und Zwei-Euro-Münzen einwerfen. Zumindest wird man dazu aufgefordert.

Was passierte dann?

Neugierig werfe ich ein Geldstück ein.

Eine kleine Lokomotive erscheint, sie zieht einen Wagen, auf dem drei Gläser mit Honig stehen, in unterschiedlicher Farbgebung und Konsistenz. Man kann sich eine Sorte aussuchen. Hat man gewählt und sich bedient, drückt man einen Knopf, und die Honigbahn dampft davon ...

Eine hübsche Idee, die sich da der Herr Winkler hat einfallen lassen. Es muss nicht immer nur »Honig vom Imker« heißen, keine plakative Aufforderung zur Selbstbedienung, wie es auf den normierten Schildern heißt, die unsere Dorfstraßen seit geraumer Zeit einfallslos säumen.

Der Straßenbau

Die Mittelstraße konnte als Teststrecke für Autos durchgehen: kurze, harte Sandwellen schüttelten jedes Fahrzeug durch. Eine Unterhaltung war unmöglich. Das waren Prüfungen, die nur wenige PKW bestanden. Die Trabis schon.

Bei starkem Regen war die Straße zu Fuß fast unpassierbar. Man musste sich an den Zäunen entlanghangeln und erlitt doppelten Schaden – nasse Füße und vom Zaun beschmutzte Kleidung. Nachbar Udo B. von gegenüber und ich brüsteten uns: »Wir haben jetzt ein Wassergrundstück. Der Garten liegt direkt am See!«

Der war ungelogen 30 bis 50 Zentimeter tief. Udo musste seine Toreinfahrt mit Wellblechstreifen abdichten, damit ihm das Wasser nicht in den Garten lief.

Nach einem Regentag im Juni 1985 setzte ich mich neben meiner Einfahrt auf einen Campingstuhl und hielt meine Angel in die Pfütze. Die Passanten stutzten und griffen sich dann an den Kopf. »Na, der hat wohl einen Knall.«

Udo setzte dem Klamauk noch die Krone auf. »Würden Sie bitte nur in Ihrer Seehälfte angeln!«

Heinz Fiebiger aus unserer Straße, ein Organisationstalent, marschierte zum Bürgermeister Kug-

Der Autor beim Angeln am Straßensee

land. Der bewilligte Bordsteine, Gehwegplatten, Kies und Beton. »Alles andere müsst ihr allein besorgen, wir haben keine Baukapazitäten.«

Wir spuckten kollektiv in die Hände.

Den größten Beitrag leisteten natürlich die Festanwohner. Wir Wochenendler halfen nur am Samstag und Sonntag. Als unser Gehweg fertig war, feierten wir gemeinsam. Jeder steuerte was bei: Salate, Fleisch, Bratwurst, Getränke – es war ein fröhliches Fest und wir waren sehr stolz auf uns.

Fortan behielten wir bei Regen trockene Füße.

Morgens

Maxi, unsere dicke Katze, knurt ein »Brrrrr« in mein Ohr. Ich werde wach.

Was tun?

Klappe ich die Augenlider hoch, blicke ich in zwei grüne Augen, die unüberhörbar sagen: Ich habe Hunger, gib mir was zu fressen, du fauler Sack. Steh auf!

Oder ich stelle mich taub und lasse sie so lange schnurren, bis Maxi merkt, dass es sinnlos ist und sie sich aus dem Bett schleicht.

Ich kapituliere. Ich bin ja eh schon wach, und auf Toilette muss ich auch. Da kann ich Maxi auch gleich was zu fressen hinstellen.

Tatze, der 18 Monate alte Kater, bemerkt mich, als ich die Küche betrete. Er beschimpft mich lautstark, weil ich so spät aufgestanden bin und erst jetzt dazu komme, ihm endlich sein Futter hinzustellen.

Maxi biegt um die Ecke, sieht Tatze am Napf, setzt sich beleidigt vor die Tür und erwartet, dass ich sie öffne. »Wenn der frisst, schaue ich doch nicht zu«, sagt ihr Blick. »So lange gehe ich in den Garten.«

Tatze schmatzt noch, als sie wieder erscheint, und leckt sich die Schnurrhaare sauber.

Ich fülle jetzt Maxis Napf. Mit vornehmer Zurückhaltung nähert sie sich der gedeckten Tafel. Na, was gibt es denn heute? Will ich überhaupt frühstücken?

Fast gelangweilt, mit einem Wollen-wir-mal-nicht-so-sein-Blick, langt sie schließlich zu.

Und was mache ich jetzt?

Vielleicht sollte ich auch frühstücken?

Prost

Unser Konsum befand sich im Parterre eines Einfamilienhauses, im Keller waren die Lagerräume. Dort bekam man, was jeder für den täglichen Bedarf so brauchte.

Frau Wollert war die Chefin, eine stramme Person, 1,80 Meter groß, rosa Wangen, als wäre ihr Blutdruck immer sehr hoch. Sie war von freundlicher, hilfsbereiter Art. Was nicht da war, wurde umgehend bei anderen Verkaufsstellen besorgt. Sie war immer auf Achse, um ihren Kunden jeden Wunsch zu erfüllen. Dabei spannte sie auch Dritte nach dem Prinzip ein: Hilfst du mir, helf ich dir, und: Eine Hand wäscht die andere.

»Frau Schwill, könnten Sie mir nicht eine Stiege Tomaten aus Berlin mitbringen, ich habe auch Bier in braunen Flaschen.« Bier in grünen Flaschen war nicht so gefragt.

»Klar, Frau Wollert, das geht seinen sozialistischen Gang.«

Es war ein richtiger Dorfkonsum. Nur zwei Frauen genügten, um sich die Beine in den Bauch zu stehen. Sie waren Dorfrundfunk, Dorfzeitung und – im Anblick ihrer Gestik und Mimik – auch Dorftheater. Alles in einem. Manchmal stach mich der Hafer, weil ich doch nur ein Stück Butter wollte und das Geld passend in der Hand hielt. Ich drängelte vorbei und legte das Geld auf den Tresen. Die Frauen redeten unaufhörlich weiter, sie schnatterten noch, als ich schon lange draußen war.

Einmal müssen wir wohl über Likör gesprochen haben, denn eines Tages überraschte mich Frau Wollert mit der Mitteilung: »Herr Schwill, ich habe welchen reinbekommen?«

»Was?«

»Kokoslikör. Wie wär's?«

»Na gut«, sagte ich nur mäßig interessiert. »Geben Sie mal her.«

von Boris
Aljinovic

Ich bekam eine Flasche aus dem Regal gereicht, drehte den Verschluss, bis es knackte, und nahm einen wönzigen Schluck. Dann verschloss ich die Flasche und reichte sie zurück. »Ne, did isses nich, der schmeckt nich.«

Frau Wollerts Blutdruck stieg merklich, ihr Gesicht verfärbte sich. »Herr Schwill, so geht das nicht. Sie haben aus der Flasche getrunken, dann müssen Sie die auch nehmen.«

»Das merkt doch keiner. Der Flaschenhals ist ja noch halbvoll, und der untere Ring wieder rangeschoben.«

So ging das eine Weile hin und her. Sie merkte einfach nicht, dass ich sie foppte.

Ich fragte nach Gläsern.

»Was denn für Gläser?«

»Aus denen man trinken kann!«

Sie stellte einige Gläser von unterschiedlicher Größe auf den Tresen.

Ich lud sie ein. »Na, probieren Sie doch selbst. Der ist es nicht.«

Frau Wollert tat es. Ich lud dann auch noch Kunden ein, die in den Konsum gekommen waren, ebenfalls den klebrigen Kokoslikör zu testen.

Als die Flasche leer war, hatten wir alle leicht einen in der Krone.

Ich zählte mein Geld aufs Brett.

»Das machen Sie nicht noch mal mit mir, Frau Wollert, hick.«

Pistolenkrügers Piano

Auf der Straßenseite gegenüber dem Anwesen von Marianne wohnte Oma Bosten, deren Sohn wiederum siedelte uns gegenüber. Hinten raus wohnten Steiners in einem Einfamilienhaus. Anneliese war Lehrerin, Otmar fuhr den Chef eines VEB in Wildau. Ihre drei Mädels Angela, Britta und Katja freuten sich stets, wenn wir am Wochenende rauskamen.

Vor den Steiners hatten Krügers das Haus bewohnt. Krüger war Polizist, weshalb ihn alle nur »Pistolenkrüger« nannten.

Gelegentlich trafen wir uns zum Bier an der Müllkute in meinem Garten. Ich hatte dort ein Loch gegraben und verbrannte Küchenabfälle, um keine Ratten oder anderes Getier anzulocken. Angekohltes frisst kein Tier.

Otmar und ich starrten in die Glut und tranken Bier dabei.

»Mensch, ich hab da noch ein altes Klavier von Pistolenkrüger«, begann Otmar, schon nicht mehr ganz nüchtern. »Ich weiß nicht, wohin damit. Können wir doch auch verbrennen, gibt bestimmt 'ne schöne Musik.«

Wir schleppten das schwere Piano mit einer Sackkarre durch die sehr locker gehaltene Hecke zwischen unseren beiden Grundstücken und ließen es in die Glut fallen. Marianne kam, vom Funkenflug beeindruckt, hinzu.

»Ernste, Ernste, wenn nun auch die Kiefer anfängt zu brennen?«

»Sei unbesorgt«, sagte ich mit schwerer Zunge. »Wir haben genug Bier zum Löschen. Willste eins?«

Dann spangen in der Hitze die Saiten und gaben ihren letzten Ton von sich. Wirklich schön.

Den Rest fischte Otmar anderentags aus der Asche und trug ihn zum Schrotthändler.

Die Flaschen, die wir davon kauften, leerten wir auf das Wohl von Pistolenkrüger.

Und hinterher wurde darauf gemeinsam getrunken

Der Goldgräber

Am Abend legte Anke ihr Geschmeide ab. Dann ging sie zu Bett. Ich trank noch mein Glas leer, räumte ein wenig auf, trug die Gläser in die Küche, fegte den Tisch sauber und leerte den Ascher in die Müllkute.

Am nächsten Morgen fragte Anke: »Wo sind Ring und Kette?«

»Keine Ahnung. Vermutlich dort, wo du sie gestern hingelegt hast!«

»Ja, in den Ascher.«

»Welchen Ascher?«

Plötzlich zuckte es in meinem Hirn.

Ich stürmte zur Müllkute. Auf dem Bauch liegend teilte ich das Loch in Sektoren ein und begann in der Asche zu stochern.

Ha, da haben wir sie schon, die Kette. Weiter nach rechts – die Sonne blinzelt durchs Geäst – blinkte was. Der erste Ring.

Ich popelte weiter und fand tatsächlich auch den zweiten Ring.

»Du solltest nach Kanada zu den Goldsuchern«, riefen auch die Nachbarn, die sich inzwischen zu Anke gesellt hatten.

Ich wehrte ab. »Ich habe nicht das Geld für den Rückflug.«

Pferdekauf

An einem Wochenende verkündete Otmar Steiner: »Mein Garten ist groß genug, da ziehe ich einen Zaun und kaufe mir ein Pony, auf dem die Kinder reiten können.«

»Wunderbar«, sagte ich, schließlich hatte ich deren zwei. »Ich kaufe auch eins. Kann ich es bei dir unterstellen?«

»Ja, mach doch, Ernste! Ich baue einen Stall für zwei Pferdchen und eine offene Scheune für Stroh und Heu. Aber pass beim Kauf auf, dass das Pony keinen Hohlrücken hat und hinten auf den Knien läuft. Und es muss mindestens vier Jahre alt sein!«

»Danke für die Tipps.«

Wir fanden im Umland von Berlin einen Rappen, kräftig von Statur, zutraulich, er fraß uns gleich aus der Hand. Wir würden, nachdem wir Rücksprache mit unserem Nachbarn genommen hätten, den Kauf perfekt machen. So verabschiedeten wir uns und kehrten euphorisiert nach Berlin zurück.

Anke und ich saßen dann in der Küche. »Moment mal«, sagte ich. »Wenn wir das Pferdchen kaufen und bei Otmar einstallen, kostet das Miete und Futter, und wenn es mal krank wird, zahlen wir an den Tierarzt. Und wenn unsere Kinder am Wochenende reiten wollten, kann es durchaus passieren, dass Otmar gerade mit seinem unterwegs ist. Da ist doch ein Streit schon vorprogrammiert: Mein Pferd, dein Pferd. Dann muss man mit auf die Wiese, um Heu zu machen – so eine Nachbarschaft ist doch wie eine Ehe. Ich bin kein Streithammel. Wir sollten die guten nachbarschaftlichen Beziehungen nicht mit einem Pony belasten.«

Den Kindern hatten wir noch nichts von unserem Vorhaben erzählt, deshalb kam auch keine Trauer bei ihnen auf, als wir weder den Rappen noch ein anderes Pferd erwarben. Nur Otmar war sauer auf uns wegen der Absage. Offenkundig hatte er im Stillen mit unserem Pferd gerechnet.

Wir trinken kein Bier mehr an der Müllkute.

Wir haben jetzt eine Mülltonne und einen Kamin. Und Otmar zwei Pferde.

Die Wespen

Wir luden Schulzes zum Pflaumenkuchen und saßen in gemütlicher Runde, als sich uns eine Späherwespe näherte. Sie flog ihre Kreise, nahm alles in Augenschein, und weg war sie wieder. Aufatmen am Tisch – aber nur für kurze Zeit. Sie kehrte mit ihrem Gefolge zurück.

Niemand wollte sich stechen lassen, aber auf den Kuchen verzichten wollte auch keiner. Heinz sagte: »Hol mal 'nen Staubsauger!«

Tatsächlich: Es funktionierte. Wir sammelten alle Wespen ein und konnten unsere Kaffeetafel weiter pflegen. Wir hatten den letzten Bissen im Mund, krabbelten aus dem Rohr die ersten Wespen wieder heraus. Nun aber ein wenig verstaubt. Wir entließen sie alle in die Freiheit.

Fridolin, der Frischling

Otmar züchtete Tauben und nahm mit ihnen an Wettkämpfen teilnehmen – das war seine Passion! Hinterm Haus hatten sie ihren Taubenschlag mit Treppe, gutem Futter, Wasser, mit allem Pipapo.

Der Tierfreund wurde einmal zu einer Wildschweinjagd eingeladen und kehrte am Abend mit einem Frischling wieder, der ihm zwischen die Beine gerannt war. Wohin damit? Erst einmal in eine Karnickelbuchte. Am nächsten Tag wurde ganz schnell um die Stahlrohre des Taubenschlages ein Zaun gezogen und der kleine Fridolin dort untergebracht. Seine Frau Anneliese, die Lehrerin, brachte vom Hort Essensreste mit: saure Milch, Kartoffeln und Gemüse. Fridolin wuchs schnell. Er war ein Wildschwein und buddelte mit seiner Schnauze am Zaun so lange, bis er raus kam. Hei, was war das für ein Spaß für die Mädels, das kleine Schwein wieder einzufangen.

Nun wurden Bleche unter den Zaun eingelassen, so dass jeder weitere Fluchtversuch unterbunden wurde.

Fridolin wurde immer größer und frecher, man wusste sich bald keinen Rat mehr. Die Kinder konnten nicht mehr mit ihm spielen, das war zu gefährlich. Also ab in den Topf mit ihm! Es fand sich ein junger Fleischer, der gerade seine Lehre beendet hatte und sich zutraute, ein wildes Schwein zu schlachten. Die Ankündigung des Schlachtens machte die Runde. Volker, unser übernächster Nachbar, von Beruf Koch, kam zu uns. »Anke, hast du mal ein großes Messer für mich und einen Schleifstein?«

Volker spuckte auf den Stein und fing an, das Messer zu wetzen.

»Was willst du denn machen, die haben doch einen Fleischer«, warf ich ein.

»Nur so, für alle Fälle.«

Wir gingen zu Otmar, um der Hinrichtung eines wilden Schweines beizuwohnen. Volker blieb abseits und schärfte weiter seine Klinge auf dem Stein.

Der junge Fleischer klemmte sich das Schwein zwischen die Oberschenkel und versuchte es mit der stumpfen Seite eines Beils zu betäuben.

Fridolin wich dem Schlag aus, der nun auf dem Oberschenkel des Fleischers endete. Vor Schmerz löste er den Schenkeldruck und Fridolin jagte vondannen. Es begann eine wilde Hetzjagd.

Nur Volker beteiligte sich daran nicht, er wetzte weiter sein Messer. Nachdem wir Fridolin gefangen hatten, wurde er betäubt. Der Fleischer stach ihm in den Hals, aber es floss kein Tropfen Blut.

Jetzt ging Volker dazwischen. »Du sollst das Schwein nicht ermorden, sondern schlachten. Geh mal weg.«

»Sau tot«: großes Hallali beim Straßenfest

Volker erlöste Fridolin fachmännisch.

»Nun schlag wenigstens das Schwein aus der Decke«, forderte er den Jungfleischer auf.

»Was soll ich machen?«

»Das Fell vom Fleisch lösen.«

Auch das musste er ihm zeigen.

Den Schnaps nach der Schlachtung trank der junge Metzger aber kräftig mit. Das hatte er offensichtlich schon gelernt.

Der Malvenblütentee

Bei der DEFA galt absolutes Alkoholverbot. Die meisten hielten sich dran. Aber wenn es im Herbst oder Winter zu Außenaufnahmen ging, war es mitunter ziemlich kalt. Die Beleuchter waren meist die Ersten am Drehort, um die Szenen, die an diesem Tag gedreht werden sollten, einzurichten. Zum Aufwärmen gab es am Fresshänger – heute nennt man das Catering – Malvenblütentee. Er wurde mit Weinbrand veredelt, weshalb ein Glas Tee 1,20 Mark kostete. Die Tasse Kaffee gab es schon für fünfzig Pfennig.

Kam der Produktionsleiter, verkrümelten sich die Kollegen mit dem Teeglas. Der Chef fragte nach warmen Getränken und was diese so kosteten. Na, das und das – und Malvenblütentee für 1,20 Mark. Der Geiz des Chefs war bekannt, die Gefahr, dass er Tee für diesen Preis nahm, ging gegen Null.

Trotzdem atmeten die Kollegen auf, wenn er wieder weg war. Sich vom Chef auf die Finger schauen zu lassen, liebt man nirgendwo auf der Welt. Sie tranken noch schnell einen zweiten Malvenblütentee und setzten dann ihre Arbeit fort.

An einem regnerischen Tag saßen wir zu dritt daheim und spielten Skat. Uns war kalt, ich

NOCH NIE WURDEN SO VIELE KLAPPEN ERSCHLAGEN

machte Malvenblütentee. In der bekannten Mix-
tur. Und da ich nicht so oft aufstehen wollte, füllte ich nicht Tee-, sondern Biergläser.

Mit jedem Schluck wurden wir kühner beim
Reizen, mein Freund Klaus Flemming verlor alle
Hemmungen. Nach dem dritten Glas wurde nur
noch gezockt und geschummelt, dass wir es vor-
zogen, das Spiel zu beenden.

Außerdem waren wir so müde …

Unsere Frauen legten uns beide aufs Sofa, damit wir von Malvenblüten träumen konnten.

Wie wird man eine sozialistische Brigade?

Die Schauspieler und Schauspielerinnen des Ensembles des Fernsehens der DDR, 55 Personen, waren zu viel für eine Gewerkschaftsgruppe, also bildeten wir zwei. Unsere Gewerkschaftsarbeit erfolgte so wie überall in der Republik: Versammlungen, Wettbewerbsverpflichtungen und -auswertungen, Brigadetagebuch und Kultur etc.

Dietmar Richter-Reinick (1935-1997) wurde für seine gute Arbeit für eine Prämie vorgeschlagen, doch er lehnte sie ab. Seine Arbeit sei nicht prämienwürdig, gab er zur Begründung an. Das gab einen Aufstand bei der BGL, aber Dietmar blieb hart.

Im Laufe der Jahre lernten sich die Gewerkschaftsmitglieder besser kennen. Wer ein Grundstück besaß, lud zur Fete ein – der Anlass war egal, die Unkosten wurden gerecht verteilt. Es wurde rege diskutiert – über die Arbeit, Gott und die Welt. Bis einer auf die Idee kam, wir sollten unsere Feten als Kampf um den Titel »Kollektiv der sozialistischen Arbeit« anmelden. Da gäbe es pro Nase fünfzig Mark, da müssten wir unsere Feten nicht selbst finanzieren.

Was müssen wir da machen, lautete sofort die Gegenfrage. Was wir immer machten: gemeinsam ins Theater und ins Kino gehen, die »Schule der sozialistischen Arbeit« besuchen undsoweiter.

Okay, das machen wir, sagten alle.

Wir stellten den Antrag und begannen um den Titel zu kämpfen. Und bekamen ihn. Wir waren die einzige sozialistische Schauspielerbrigade. Einmal im Jahr, an einem Wochenende in der Nachsaison, machte die Brigade einen Ausflug in irgendeine Bezirkshauptstadt. Dort besichtigten wir einen Betrieb, hielten anschließend dort ein Forum ab, sahen uns die Sehenswürdigkeiten an und werteten in gemütlicher Runde Gesehenes und Erlebtes aus. Am Sonntag erfolgte die Rückreise, denn am Montag musste der eine oder andere wieder zum Drehen.

Einmal reisten wir als Brigade nach Leningrad. Die Zeit reichte nicht, um alle Schlösser, Kirchen und Museen zu besuchen. Aber was wir sahen, haute uns fast um. Die Isaak-Kathedrale mit den vielen Halbedelsteinen, dem große Pendel, die Mosaiken – das war eine Touristenattraktion. Wir fragten unseren Reiseleiter, ob wir auch einmal eine aktive Kirche besuchen könnten. Wir fuhren zu einem Platz, er zeigte uns den Weg und bat uns, in zwei Stunden zurück zu sein.

»Wollen Sie nicht mitkommen?«

Er schüttelte den Kopf.

»Oder dürfen Sie nicht?«

Erneutes Kopfschütteln. »Ich möchte nicht.«

Noch nie zuvor hatte ich eine so große russisch-orthodoxe Kirche gesehen. An einer Säule kniete ein Mann vor einem Heiligenbild, die Hände gefaltet, er hielt Zwiesprache. Um sich die Hose nicht zu beschmutzen, kniete er auf einer *Prawda*.

Ich ging vorbei an einem offenen Sarg, in dem eine alte Frau lag. Angehörige standen daneben und nahmen Abschied. In einer Nische probte ein Männerchor in einem angenehmen Basston. Es waren Popen, mit und ohne Bärte.

An einer anderen Seite saß eine Gemeinde, ein Pope stand davor, der aus einem Buch einen Namen vorlas und die Gemeinde hob ein Wehklagen an. Es waren wohl Erinnerungsgebete an Verstorbene.

Man hatte wohl bemerkt, dass Touristen in der Kirche waren. Ein Pope kam auf unsere Gruppe zu und erkundigte sich, woher wir seien. Aus der DDR, sagten wir. »Aha, aus dem Osten Deutschlands.« Er sprach nahezu akzentfrei unsere Sprache. »Wenn Sie noch andere Kirchen besuchen wollen, gehen Sie doch nach Potsdam ins russische Dorf, oder fahren Sie nach Leipzig. Dort steht ebenfalls eine russisch-orthodoxe Kirche.«

Der Reiseleiter strahlte, als wir alle wieder im Bus waren. Dann legte er sein Gesicht in ernste Falten und teilte uns mit, dass er uns nicht noch einmal so eine Extratour erlauben werde. Das soll eine sozialistische Brigade sein!

Hochzeiten

Studenten aus der DDR, die in Leningrad ein Hochschulstudium absolvierten, waren, wie alle Studenten, klamm bei Kasse und mussten zusehen, wie sie über die Runden kamen. Man ging beispielsweise zu Standesämtern und erkundigte sich nach dem nächsten Hochzeitstermin.

Brautleute legten, einer Tradition entsprechend, ihren Strauß am Peter-und-Paul-Denkmal nieder. Und zufällig kamen unsere Studenten des Wegs, gratulierten – und wurden zur Feier eingeladen.

Das nannte ich Deutsch-Sowjetische Freundschaft ohne Mitgliedsbuch.

Icke als Schieber

Tante Lotte und Onkel Kurt, bei denen ich einige Jahre leben durfte, versorgten und behüteten mich, so gut sie konnten. Die Not in der Nachkriegszeit war groß. Eine Cousine von Onkel Kurt wohnte in Berlin-Zehlendorf und züchtete Schäferhunde. Ich wurde beauftragt, an jedem Wochenende sieben Pfund Haferflocken, ein Roggen- und ein Weißbrot zu ihr zu bringen.

Verkehrstechnisch war das 1952 kein Problem. Mit der Straßenbahn fuhr ich von Weißensee bis Alex, von dort mit der U-Bahn bis Onkel Toms Hütte, und dann ging ich noch ein paar Schritte.

Jedesmal, wenn ich in der U-Bahn saß oder stand, klopfte mein Herz, weil ich fürchtete, in eine Kontrolle zu geraten. Es wurden zu jener Zeit Lebensmittel und andere Gebrauchsgüter von Ost nach West verschoben. Und das war wohl auch der Grund, weshalb ich, ein harmloser Dreizehnjähriger, mit dem Hundefutter in die Westsektoren geschickt wurde und nicht die Tante zu ihrer Cousine fuhr.

Als Belohnung für meine Dienste wurde mir ein altes Herrenfahrrad in Aussicht gestellt. Damit wurde ich geködert. Ich gab mich ganz der Vorfreude hin. Und tatsächlich: Irgendwann be-

Im DEFA-Film »Berlin – Ecke Schönhauser«, 1957.
Das Drehbuch schrieb Wolfgang Kohlhaase

kam ich das versprochene Fahrrad. Mein Onkel
hatte eine Bekannte in Halberstadt, und ich be-
schloss, mit dem Fahrrad dorthin zu fahren. Mit
2,40 Mark Reisegeld, drei Schrippen, einer kleinen Plane und mit einer Flasche Wasser im
Gepäck machte ich mich auf den rund 250 Kilometer weiten Weg in den Vorharz. Ich erreichte
am späten Abend Egeln in der Börde.

Am Dorfeingang war eine Seuchenmatte aus-
gebreitet, daneben saß ein Wächter. Ich fragte
ihn, wie weit es noch bis Halberstadt sei.

»Na, es zieht sich noch ganz schön hin, und im
Dunkeln kannst du dich verfahren.«

»Kann ich denn hier bei Ihnen bis zum Morgen warten?«

»Ja, meinetwegen. Leg dich ruhig hin.«

Ich breitete meine Plane auf Strohballen aus und schlief sofort ein.

Am nächsten Morgen weckte mich der Mann, und ich fuhr weiter. Es zog sich tatsächlich noch hin. Gegen Mittag kam ich in Halberstadt an. Die Freude war groß, dass ich noch lebte, ich wurde bemuttert, doch irgendwie hatte mich die ungewohnte Anstrengung überfordert: Ich bekam eine schwere Angina und konnte kaum schlucken. Nach ein paar Tagen trat ich die Heimreise mit der Bahn an.

Heute frage ich mich: Was hat mich damals geritten, diesen Ritt anzutreten. Und: Wo ist mein Rad geblieben. Ich weiß es nicht.

Die Messwarte

Wir drehten in Halle einen Film über Bitterfeld. Albrecht Weiske führte Regie mit einem Schuss Gutmütigkeit, Anarchie und Romantik. Er war ein kompetenter, kluger TV-Regisseur.

Wir arbeiteten in einer Messwarte, die nicht ganz fertig war. Es mussten noch Kabel verlegt und Anschlüsse geschaltet werden. Wir drehten in einer abgelegenen Ecke im großen Saal, ohne die Bauarbeiten zu stören. Die Arbeiter schauten uns zu und wir in den Drehpausen ihnen.

Am nächsten Tag sollte noch ein Hauptkabel verlegt werden. Wir waren auch noch nicht fertig und mussten darum ebenfalls noch einmal ran.

In der Nacht hatte jemand mit einem Beil oder einer Säge die Stromhauptzuleitung um zehn Meter gekürzt, so dass die Elektriker die Messwarte nicht anschließen konnten. Ein klarer Fall von Diebstahl, wenn nicht gar Sabotage.

Die Polizei befragte auch uns – wir konnten zur Sache nichts Zweckdienliches beitragen. Aber uns wurde auf diese Weise nachdrücklich vor Augen geführt, wie unsicher die Verhältnisse waren und warum die Staatsmacht einen – für viele übertriebenen – Sicherheitsfimmel entwickelte.

Wie bekommt man einen Telefonanschluss?

Voller Hoffnung und Tatendrang machte sich mein Kollege Klaus Gehrke auf, sich einen Telefonanschluss nebst Telefon zu besorgen. Bei der Post, wo man dies beantragen musste, gab es die übliche Auskunft: »Tut uns leid, aber es ist im Moment keine Rufnummer frei.« Das Problem waren ja nicht die fehlenden Rufnummern, sondern die begrenzte Kapazität der Relais- und Schaltstationen. Sie waren alt und überlastet.

Klaus hoffte, mit einem kleinen Kulturprogramm zur Frauentagsfeier bei der Post seine Chancen verbessern zu können. Und tatsächlich – man versprach ihm die nächste frei werdende Nummer.

Dann hieß es: »Herr Gehrke, wir haben jetzt eine Nummer für Sie, aber kein Kabel.«

Inzwischen ging es auf Weihnachten zu, und er besuchte mit Frau und Sohn den Weihnachtsmarkt am Alex. Er richtete den Blick nach oben und sah ein Kabel, das er für eine Telefonverbindung geeignet hielt. Also erkundigte er sich bei dem Marktverantwortlichen, was damit geschähe, wenn der Markt schlösse.

Er machte eine unbestimmte Handbewegung. Gehrke hakte nach. Er brauche 80 Meter.

»Wo wohnen Sie denn?«

»In Bernau.«

»Da wohne ich auch. Geben Sie mal Ihre Adresse.« Eines Morgen lag eine Rolle auf Gehrkes Grundstück, ohne dass ein Name oder eine Adresse des Lieferanten vermerkt waren, der 300 Meter Kabel zurückgelassen hatte.

»Fein, Herr Gehrke, wie Sie das alles so zusammenbekommen haben«, lobte man ihn bei der Post. »Aber unser Bautrupp, der die Masten setzen muss, hat augenlicklich keine freie Lieferkapazität. Die Masten aber sind vorhanden«, tröstete man ihn. »Was haben Sie denn für ein Auto?«

»Einen Trabant-Kombi.«

»Dann nehmen Sie den Beifahrersitz heraus, legen die Rückbank um und lassen die Klappe offen. Gut festzurren und ein rotes Fähnchen am Ende des Mastes – das sollte genügen.«

Klaus fuhr dreimal im Schritttempo von Mitte nach Bernau.

Schließlich hoben wir noch die Löcher für die Masten aus, konservierten die Masten am Fußteil mit einem Teeranstrich.

Dann kamen die Monteure. Natürlich außerhalb der regulären Arbeitszeit. Sie zogen die Strippe und hielten die Hand auf.

In der DDR gab es wirklich alles. Man musste nur wissen, wo und wie man daran kam.

Zur See

Ich wurde in der Serie nicht besetzt, aber die nachfolgende Episode soll sich, ich schwöre es, so zugetragen haben.

Jürgen Zartmann, der den Bootsmann spielte, antwortete stets auf die Frage, was seine schönste Rolle gewesen sei: die des Bootsmanns in der neunteiligen Fernsehserie »Zur See« 1976/77. Die Zusammenarbeit mit der Mannschaft des Ausbildungsschiffes »J. G. Fichte« sei unvergesslich gewesen.

Schon beim Auslaufen aus dem Rostocker Hafen prognostizierte die Schiffsleitung dem Drehteam und den Schauspielern, dass es eine Scheißfahrt werden würde: Sie hätten den Auftrag, von Rostock bis nach Havanna ohne Halt durchzufahren, weil man offenkundig fürchtete, dass sich bei einem Zwischenstopp jemand von den Adlershofern absetzen könnte.

Die Schauspieler erklärten, sie seien an dieser Entscheidung so unschuldig wie unwissend, sie hätten keine Ahnung, wer diese Entscheidung getroffen habe, folglich wüssten sie auch nicht deren Grund.

Das Schiff passierte den Großen Belt, und ehe wir ins Kattegat einfuhren, meldete der LI, der

1. Schiffsingenieur, dass ein Hilfsdiesel kaputt sei. Ohne ihn aber dürfe man nicht in den Atlantik, Vorschrift der Reederei. Man müsse also einen dänischen Hafen ansteuern und das Ding reparieren lassen.

Nun folgten ein heftiger Funkverkehr mit der Heimat und die Entscheidung des Kapitäns, den nächsten dänischen Hafen anzusteuern, das sei Aarhus.

Produktionsleiter Martius erkundigte sich ganz aufgeregt, was er mit den Schauspielern machen solle. »Was machen Sie mit ihrer Mannschaft?«, fragte er den Kapitän.

»Die kriegen Landgang, was sonst.«

»Und wenn einer wegbleibt?«

»Hat es bei uns noch nicht gegeben.«

»Und wenn doch?«

»Dann können Sie sich ja ein Handtuch nehmen und erschießen«, antwortete grienend der Fahrensmann.

Drehbuch zum Tatort »Der vierte Mann«, 2003

Martius entließ seine Mitarbeiter mit je zehn Dollar Hafengeld und mit der Mahnung, unbedingt wieder an Bord zu kommen. Und so lief ein Teil der Schauspieler wie Hühner durch die Stadt und traf sich vor einem Pornokino wieder, dafür langte man gerade das Geld. Es war der übliche Rammelfilm, der einen bereits nach fünf Minuten zu langweilen begann – bis plötzlich der Ständer eines farbigen Mannes in Großaufnahme ins Bild ragte, was Günter Naumann zu dem Kommentar veranlasste: »Wo will der denn mit der Rolle Dachpappe hin?« Damit sorgte er für brüllende Heiterkeit im Saale.

Pünktlich kehrten alle Landgänger zum Schiff zurück. Bis auf einen.

Martius lief nervös an der Reeling auf und ab, guckte auf seine Uhr und dann wieder zur Hafenstraße. Schweiß stand ihm auf der Stirn, er fürchtete bereits um seinen Job.

Fünf Minuten vor Mitternacht – das war als Deadline angesagt worden – fuhr ein Auto auf der Pier Schlangenlinie, hielt an der Gangway. Ein Mann stieg aus und schwankte dem Fallreep zu. Martius atmete erleichtert auf: Es war der Vermisste. »Wo kommst du her?«, herrschte er den Ankömmling an. Der war ziemlich dicht, weshalb er die Schärfe der Ansprache nicht wahrnahm.

»Ich habe in der Kneipe einen Ami kennengelernt, der hat mich eingeladen. Und dann sind wir noch mit seinem Auto gefahren. Stell dir vor:

da muss man nicht schalten. Das ist ein Automatik!« Er winkte nach unten, wo sein Saufkumpan an seinem Wagen stand und rauchte. Der grüßte zurück.

Martius hatte nun ein Problem. Wie ging er damit um, dass der Kollege mit dem Klassenfeind gesoffen hatte? Wie sollte er damit umgehen? Das schien ja noch komplizierter zu werden, als wenn er abgehauen wäre.

Kammerkonzert

Auf einem Frachtschiff heißen die Kabinen Kammern. Diese messen etwa vier mal sechs Meter und sind mit jeweils vier bis sechs Matrosen belegt. Bad und Toiletten sind außerhalb. Bei den Offizieren geht es etwas komfortabler zu.

Eigenartigerweise vollzog sich diese Trennung auch beim Fernsehteam. Die Kollegen, die das Führungsteam darstellten, aßen und tranken mit den Offizieren des Schiffes, das Fußvolk mit den Matrosen.

Da die musikalische Neigungen bei den Seeleuten sehr unterschiedlich waren, wurden die Abende nie langweilig. Wir wurden zu »Kammerkonzerten« gebeten, wobei die geistigen Getränke nicht zu kurz kamen. Jedesmal saß man in einer anderen Kammer zusammen. Trank und sang sich seinen Heimatschmerz von der Seele. Schöne, unvergessliche Abende, die zusammenschweißten.

Insofern stellte sich die Frage nicht, die Jürgen Zartmann dennoch einem Seemann stellte, mit dem er die Kammer teilte.

Warum soll ich in einem westlichen Hafen absteigen, antwortete der. Denn wenn man oft genug draußen ist, merkst du: Die kochen auch nur mit Wasser. Schlimmer noch: Schau hinter die Fassade, und du siehst das ganze Elend dieser kaputten Gesellschaft.

»Heimat, Perspektive, Freunde, Familie: Das geht alles über den Jordan, wenn du die Flatter machst. Du gewinnst nichts, verlierst aber alles. Nee, das wäre ein schlechter Tausch.«

Aber vorsichtshalber lagen die Pässe im Safe des Kapitäns.

Märchenstunde im Rundfunk

Eine Frauenstimme aus dem Rundfunk lenkt mich beim Schreiben ab. Ich höre die Kanzlerin in ihrem Uckermärker Singsang, stets die falschen Silben betonend. Die Rhetorik ist so schlecht wie ihre Botschaft.

Gleichwohl hat sie meine Bewunderung dafür, dass sie sich binnen anderthalb Jahrzehnten bis zum höchsten Regierungsamt in dieser Republik hochgebissen hatte, vorbei an den Grauen Eminenzen und grauhaarigen Granden in ihrer Partei. Als Frau, als Protestantin, als Ostdeutsche. Allein das, und nur das, nötigt mir Respekt ab.

Denn offenkundig hält sie und ihresgleichen unsereinen – das Volk, diesen großen Lümmel – für vergesslich, um nicht zu sagen: für dumm. Sie macht Politik nach dem Beispiel ihrer Vorgänger: Was kümmert uns mein Geschwätz von gestern.

Glaubt sie, wir setzen uns den Hut mit dem Hammer auf? Gut, manch einer hat ein Ei auf'm Kopp, denen kann man einen Bären aufbinden – wie wir Berliner zu sagen pflegen.

Aber doch nicht mir, Frau Merkel.

Meine Dritten

Am 26. August 1991 begann mein neues Verhältnis. Die Backe tat weh, und meine Frau schleppte mich zur Zahnärztin. Welch Segen, dass sie mir die Schmerzen nahm, diese hübsche junge Frau mit Courage und gutem Blick fürs Detail in meiner Klappe. Am Zustand des Gebisses erkenne man den Charakter.

Das erklärte auch unser zeitweise angespanntes Verhältnis. Sie meinte, unbedingt etwas an meinen Beißern machen zu müssen, doch ich hatte kein Interesse, weil ich zum Drehen musste. Das nahm sie sehr persönlich. Vergessen.

Da es sich um eine Ausbildungspraxis handelte, marschierten an meinem Mund sehr viele angehende Zahnärztinnen vorüber – eine hübscher als die andere! Da schämte ich mich manchmal, das Maul aufzureißen, denn schließlich konnte dann jede in mich tief hineinschauen. Das war doch etwas sehr Intimes.

Wenn ich bei ihr auf dem Stuhl liege, sehe ich an der Decke neben den Lampen ein großes Dreiecktuch in Patchworktechnik. Es zieht sich ein Fluss mit vielen Biegungen und Zuläufen über dieses Tuch, man könnte meinen, es handelte sich um eine Luftaufnahme von Berlin. Die Darstellungen sind sehr abstrakt, aber das Tuch ist ein Hingucker, es lenkt vom Schmerz ab und nimmt die Furcht.

Wenn die Dentistin mit den Fingern der linken Hand meine Oberlippe hochzieht, achtet sie darauf, mit dem Handballen nicht meine Gurke zuzudrücken, damit ich weiter atmen kann. Mit der rechten Hand führt sie den Bohrer und anderes Werkzeug. Die Assistentin hängt mir einen Rüssel ins Mundwerk zum Absaugen.

Um an die Zähne besser heranzukommen, muss sie bisweilen ihren rechten Unterarm auf meinem Brustkorb ablegen. So merkt sie, wenn ich schon die Augen schließe, dass ich noch am Leben bin.

Am meisten liebe ich es jedoch, wenn sie hinter mir steht. Dann stößt ihr Vorbau sanft an meinen alten Schädel. Keine Hintergedanken, bitte. Mit dieser weichen Polsterung spüre ich das Schleifen der Turbine auf und in meinen Zähnen überhaupt nicht mehr.

Seit nunmehr zwanzig Jahren gehe gern zur Zahnärztin, ihr verdanke ich viel. Nicht nur meine Dritten.

Wat is Kunst?

Eduard von Winterstein spielte am Deutschen Theater zu Berlin den Nathan, Paul R. Henker gab den Klosterbruder.

Kurz vorm Heben des Vorhangs, alle Schauspieler sind auf ihren Plätzen, bemerkt der alte Winterstein, das ihm seine Zähne fehlen. Er sagt Paul, dass er sein Gebiss in der Garderobe vergessen habe, er solle den Inspizienten beauftragen, die Zähne zu holen.

Der Inpizient eilt und reicht, in Zellstoff gewickelt, wenig später dem Klosterbruder das Gebiss. Der lässt es in den weiten Ärmel seiner Kutte verschwinden. Henker spielt sich an Winterstein heran und reicht ihm die Prothese, der sie unbemerkt in den Mund steckt, um sofort festzustellen: Es ist nur eine Hälfte.

Nun erfolgt der zweite Anlauf.

Nathan und der Klosterbruder spielen stumm große Gänge und Gesten, bis der Inspizient aus den Kulissen ein Zeichen gibt, dass er die zweite Hälfte hat. Erst als Wintersteins Gebiss komplett ist, geht es weiter.

Niemand im Publikum hat es bemerkt.

Sehen Sie: Det is Kunst!

Der 13. August 1961, einmal anders

Alle Jahre wieder lesen wir in der Zeitung und sehen wir im Fernsehn Schröckliches zum Tage. Mir kam eine andere Geschichte zu Ohren, die eben auch zu jenem Ereignis gehört.

1961 war ich beim Erich-Weinert-Ensemble, also bei der NVA. Die war, wir wissen es, nicht in die Operation unmittelbar eingebunden, hatte aber in der Berliner Innenstadt einige Einrichtungen. Etwa eine Druckerei, und zwar dort, wo die Linien- auf die Oranienburger Straße stößt, schräg gegenüber von Deutschlands ältester Feuerwache, die dort seit 1859 steht und noch immer von der Freiwilligen Feuerwehr in Berlin-Mitte genutzt wird.

Es war am Sonnabend, damals noch ein halber Arbeitstag, und die dort Tätigen rüsteten bereits zum Heimgang – ein warmes Sommersonnenwochenende vor Augen. Doch plötzlich kam Befehl: Niemand verlässt das Objekt, weitere Befehle abwarten!

Die Tore wurden versperrt, niemand kam mehr heraus oder hinein. Eine Sekretärin brach in Tränen aus: Ihr Kind müsse aus der Krippe abgeholt werden.

Was tun? Der Chef schickte einige abkömmliche Soldaten los. Den einen, um das Kind aus der Krippe zu holen, den anderen, um Kinderbett, Spielsachen, Kindernahrung und Windeln »ins Objekt« zu bringen. Ein Büro wurde ausgeräumt und als Kinderzimmer eingerichtet.

Spät in der Nacht wummerte es draußen ans Tor. Ein Mann, nicht mehr ganz nüchtern, rief laut nach seiner Frau und seinem Kind.

Der Kommandeur schaute sich um, wer entbehrlich war und trinkfest schien und schickte ihn vors Tor. »Geh mit ihm einen trinken und stell ihn ruhig«, lautete der Befehl.

Am nächsten Tag, dem 13. August, hingen die Plakate überall in Berlin, die in der Nacht zuvor in der Linienstraße hergestellt worden waren.

Der »Arretierungsbefehl« für die Drucker in der Linienstraße wurde aufgehoben. Der NVA-Kindergarten schloss.

Partisan am Bahnhof Zoo

Es war an der Volksbühne kurz nach dem Mauerbau. Am Bahnhof Zoo, bekanntlich Eigentum der Deutschen Reichsbahn, also der DDR, hingen Werbetafeln unseres Theaters. Einer sagte es dem Intendanten, dass sie dort Stücke anzeigten, die wir schon längst aus dem Repertoire genommen hätten. Da müsse mal was Neues hin.

Der Intendant zeigte sich überfragt, obgleich er diesen Wunsch teilte und obendrein wusste, dass kein Westberliner selbst mit der pfiffigsten Werbung nicht an den nach Rosa Luxemburg benannten Platz kommen würde: Die Grenze war dicht, eine Passage hinüber und herüber nur den Alliierten erlaubt, die unverändert das Sagen in beiden Stadthälften hatten.

Die Nachricht zerstob. Einige Tage später erklärte der Hausmeister stolz: »Chef, alles erledigt. Am Bahnhof Zoo hängt der neue Spielplan.«

»Sie waren in Westberlin?« „

»Na sicher.«

»Wie sind Sie denn rübergekommen?«

»Über den Bahnhof Friedrichstraße.«

»Ohne Pass?«

»Ja. Mit dem Betriebsausweis und den Worten, ich müsse Plakate am Bahnhof Zoo aufhängen.«

Klaus G.

Klaus drehte einen Film über Rumänien, in welchem einige Szenen in Westberlin spielen, die an Originalschauplätzen aufgenommen werden sollten. Klaus fuhr also »nach drüben«, traf dort den abgängigen M. K., der ihn erstaunt ansprach: »Was, du auch im Westen?«

»Nee«, sagte der. »Wir drehen nur ein paar Szenen und machen dann wieder rüber.«

Zum Drehen brauchten sie statt der sechs Tage nur fünf.

Bei der Einreise im Bahnhof Friedrichstraße sagte er bei der Passkontrolle: »So, Sie können mich austragen. Wir sind fertig mit den Dreharbeiten!«

Der Grenzer hinter seiner Glasscheibe sah Klaus lange an. Dann beugte er seinen Oberkörper nach hinten, lugte nach links und nach rechts, ob ihn auch keiner hörte, und flüsterte schließlich: »Den einen Tag würde ich an Ihrer Stelle aber nicht verfallen lassen!«

»Wie meinen Sie denn das?«

»Ich hab nichts gesagt«, sprach der Grenzer und blinzelte. »Wollen Sie nun eine Zählkarte für morgen oder nicht?«

Klaus nahm die Karte.

Und maschierte anderentags erneut durch den Tränenpalast und machte einen Tag blau in Westberlin.

Wir sehen uns beide, nun siebzigjährig, hin und wieder in unserer vereinten Hauptstadt Berlin – beide aus dem Osten stammend, wo bekanntlich die Sonne aufgeht.

Reminiszenzen

Von einer kleinen Stadt in Sachsen wurde ich zu einem Kinderfilmfestival eingeladen. Kinderkrimis wie »Emil und die Detektive«, »Die Suche nach dem wunderbunten Vögelchen«, in dem ich 1964 mitgespielt hatte, und andere Filme wurden gezeigt. Die Polizei hatte zwei Mitarbeiter abgestellt, die auf dem Hof ein Spurensuchermodell für Vorschulkinder und Kinder der 1. bis 4. Klasse errichtet hatten.

»Drei Herren vom Grill«, Tatort »Gefährliche Gefühle«, 2006

Ein Polizist, nunmehr Beamter des Freistaates, kam mit seinem Dienstwagen vorbei, um etwas zu holen oder zu bringen, ich weiß es nicht so genau. Beim Einsteigen ins Auto erkannte er mich, stieg wieder aus und kam auf mich zu.

»Ich wollte Ihnen doch wenigstens die Hand drücken! Was Sie im *Tatort* machen, finde ich prima, machen Sie weiter so!« Dann wandte er sich zum Gehen, hob dabei den rechten Unterarm und ballte die Faust: »Teddy lebt!«

Ich war perplex, oder wie man in Berlin sagt: als hätte man mir vorn Kopp jekloppt.

Erst später kam mir die passende Antwort: »Det kannste aber wissen, Jenosse Beamter.«

Ein Bayer in Prenzlau

Eine Lesereise führte mich nach Prenzlau. Die Stimmung war prima, die Zuhörer freuten sich, lachten oder schmunzelten über meine Anekdoten.

In der Raucherpause gesellte sich ein Bayer zu uns. »Machen Sie hier Urlaub?«, fragte ich ihn.

»Ich leb' hier seit drei Jahren«, gab er entrüstet von sich. »Sagen'S, Herr Schwill, wann haben die Ostdeutschen begriffen, dass die Bundesrepublik doch nicht das Paradies ist, was sie erwartet hatten?«

»Das ist 'ne schwierige Frage. Vielleicht nach der dritten Umschulung, oder schon früher, als wir merkten, dass die Schrippen nicht mehr nach Schrippe schmeckten. Anfangs waren wir begeistert von diesen schönen großen, gleichmäßig geformten Schrippen, die sich aber beim Aufschneiden als Aufschneider erwiesen: heiße Luft mit Pappe drum. Anders die kleine schrumplige Ostschrippe, nicht so hübsch, dafür aber wohlschmeckend, daher wahrscheinlich auch der Ausspruch: Na, du olle Schrippe! Früher gab es nicht so viele Krümel auf und unterm Tisch.«

»So spät erst?«

»Naja, aber immerhin.«

Ein Wahlmünchner in der Mitte: Dominic
Raacke, daneben Boris Aljinovic und icke

Er schwieg nachdenklich, und darum beendete
ich das Schweigen mit der Frage: »Und, warum
sind Sie von Bayern weg und rübergekommen?«

»Ich hab das verlogene Geschwätz der Schwarzen nicht mehr ertragen. Das große Lügen im
Namen Gottes. Christliche Nächstenliebe exis-
tiert nur, wenn für die Amigos etwas heraus-
springt. Ich hab mir nun auch einen Vorteil ver-
schafft – ich bin nach Prenzlau gezogen, lebe hier
zufrieden und glücklich. Und treffe auf interes-
sante Leute.«

Klamotten

Ich war auf Helgoland und in Neapel auf dem Vesuv. Aber kaum ist das Schönefelder Kreuz in Sicht – Aufatmen, ich bin wieder daheim. Ist doch komisch mit uns Menschen: Da fährt man in die Ferne, ist auch alles sehr schön dort, manchmal natürlich auch nicht, aber man ist froh, geht es wieder nach Hause.

Einer meiner Wünsche hieß Helgoland. Ich wollte unbedingt Deutschlands einzige Hochseeinsel betreten. Wir sind dagewesen – sehr schön! Der Blick von oben übers Meer – eine Augentherapie. Was für ein Ausblick! Aber was sah ich noch? Felsbrocken, oder wie unsereiner sagt: Klamotten. Auf Malta, alles sehr schön, aber Klamotten. Zypern – wunderbare Landschaft, nette Leute, aber überall Klamotten. Auf dem Vesuv, wunderschöner Rundblick über Neapel und Pompeji, Blick in den Krater: Mensch, ist das tief!

Die Augen können sich nicht satt sehen. Man möchte Anlauf nehmen, die Arme ausbreiten, abspringen und fliegen.

Aber eben: Klamotten!

Da lob ich mir doch meine märkische Streusandbüchse.

Zernsdorf

Das Straßendorf liegt südöstlich von Königs Wusterhausen. Es zieht sich in die Länge und liegt an der Bahnstrecke nach Frankfurt an der Oder. Seit 1968 lebe ich fast dort das ganze Jahr über in meinem Garten.

Der Unterschied zwischen einem Garten, einem Grundstück und einem Anwesen ist relativ einfach zu beschreiben. Im Garten hat man Beete mit allen möglichen Kräutern und Gemüse sowie Blumen. Man kommt von der Arbeit – so man welche hat – abends nach Hause und pusselt da und hier ein bisschen, zupft Unkraut und wartet, bis die Erntezeit beginnt. Dann freut man sich.

Bei einem Grundstück ist der Gemüsebeetanteil kleiner als die Wiese. Gras mähen und berieseln, Komposthaufen möglichst klein gehalten wegen der Umsetzerei, also lieber gleich ab damit ins Kompostierwerk. Ferner: Liegestuhl oder Schaukel, auch ein kleiner Teich mit Wasserpflanzen zum Züchten von Mücken. Das Ganze wird umrahmt von einer hohen Hecke, um die neidisch-neugierigen Blicke vorbeigehender Passanten zu unterbinden.

Bei einem Anwesen gibt es eine gemauerte Sichtblende, bisweilen noch mit Überwachungskameras und Alarmanlage im Haus. Man *lässt* arbeiten, nur gelegentlich beseitigt man am Rosenbeet selbst einige welk gewordene Blätter. Besitzerstolz und Erhabenheit lassen nicht wirklich die große innere Freude über die schöne Natur aufkommen.

Ein parkähnliches Anwesen ist eben doch ein wenig zu groß für die Seele.

Mit jahrelangen Freunden im Garten in Zernsdorf. Hier erlebt man Gemeinschaft von ihrer angenehmsten Seite

Die ostdeutsche Seele

Sagen Sie mal, wie tickt eigentlich die ostdeutsche Seele, wurde ich mal gefragt.

Ja, wie tickt unsere Seele?

Es ist und war nicht leicht, diese Frage zu beantworten. Ich erinnerte mich der Jahre 1990/91. Nehmen wir mal an, ein Altbundesbürger wäre zu einem Ossi mit einem Koffer mit fünf Millionen DM gekommen und hätte ihn gebeten, den Betrag von A nach B zu bringen, natürlich gegen

Besuch beim Gartennachbarn: der Autor mit Heinz Krause, Berufsschullehrer aus Thüringen

einen Obulus, dann hätte der den Auftrag erledigt und sich vom Empfänger eine Quittung ausstellen lassen. Danach wäre er nach A zurückgekehrt und hätte den Beleg dem Auftraggeber ausgehändigt.

Hähähä, schön blöd, würde man heute sagen: Warum hat der sich mit der Kohle nicht dünne gemacht?

Zugegeben, vielleicht wäre auch dieser Ossi mit den Millionen abgehauen, schließlich gibt es überall schwarze Schafe, aber ich vermute – und das macht vielleicht den Unterschied aus – der normale Ossi wäre überhaupt nicht auf die Idee gekommen, das Geld zu unterschlagen. Was die Wessis eventuell naiv und treudoof nannten, hieß bei den Ossis Ehrlichkeit und Verlässlichkeit.

Tschüss, Lothar

Das Gartentor klappert. Thomas Schulz kommt. Freudig erhebe ich mich, um ihn zu begrüßen. Wie steht's, wie geht's, sage ich, was macht der Vater?

»Du weißt es offenbar noch nicht. Er ist gestorben.«

Dann setzt er sich, Tränen laufen ihm über die Wangen.

Ich sage: »Verdammte Scheiße.« Was soll man auch sonst sagen, wenn Trauer, Schmerz und Mitgefühl einen übermannen, hört man vom Verlust eines guten Freundes?

Thomas berichtet von den letzten Stunden, die er bei seinem Vater auf der Intensivstation im Krankenhaus in KW zugebracht hat.

Vater habe ihn gebeten, keine Geräte zuzulassen, die das Leben, welches in dieser Phase nur noch Leiden ist, künstlich verlängerten. Sie hätten sich die Hände gereicht, schwach und kraftlos, der Blick bereits verschwommen. Dann das Nicken in Richtung der Ärzte. Aus.

Lothar: Kerl wie ein Baum, Schuhgröße 46, Jahrgang 1931, gelernter Elektriker und beschäftigt im Schwellenwerk in Zernsdorf, bis es in den 90er Jahren zwangsweise geschlossen wurde.

Auf den mit Teeröl getränkten Eichenbohlen steht das Auto, wenn ich im Garten bin. Den »Car-Port« hat Lothar gebaut. Nun ist es ein Denkmal, das an ihn erinnert.

»Ich wollte dich fragen: Kommst du zur Beisetzung?«

Was für eine Frage.

Reingefallen

In den 60er Jahren, meiner Sturm- und Drang-
zeit, war ich erst bei der DEFA, dann im Erich-
Weinert-Ensemble und schließlich am Berliner
Ensemble am Schiffbauer Damm beschäftigt.
Eines Abends führte mich mein Weg an der
Spree entlang. An der Ecke Albrechtstraße lag
das »Wein-ABC«, ein Restaurant gehobener
Qualität. Ich kehrte ein. Ein Trio spielte, der
Geiger ging von Tisch zu Tisch, sah sich die
Gäste an und fidelte ihnen eins, um dann ein
Trinkgeld zu bekommen.

Die Tische waren lang, oft saßen dort acht bis
zehn Personen, die dann mitunter, vom Wein
und der Musik befeuert, auch noch zu schunkeln
begannen. Für schmusende Pärchen also ein
denkbar ungünstiger Ort.

Ich nahm an der vorderen Tischecke Platz, be-
stellte einen Schoppen und lauschte dem Trio. Einige Tische waren noch frei. Am hinteren Ende
meines Tisches saß ein älterer Herr und lächelte
mir zu, wenn sich unsere Blicke trafen. Nach und
nach füllte sich das Lokal, wir hatten jedoch
immer noch kein Wort gewechselt, zumal wir
weit auseinander saßen. Irgendwann stand der
Mann auf, rutschte an der Längsseite des Tisches

zu mir heran und übergab mir eine Visitenkarte. Ich las den Namen, die Leipziger Adresse und seine Profession, irgendetwas mit Schriftstellerei und Satire.

Mit den Fingern bedeutete er mir, ich solle die Karte umdrehen. Mit fielen fast die Augen aus dem Kopf. Dort stand allen Ernstes: »Wenn Sie nicht sofort einen ausgeben, sage ich ganz laut, dass Sie mir einen unsittlichen Antrag gemacht haben!«

Entrüstet schob ich die Karte über den Tisch zurück.

Er grinste.

Das steckte an. Ich winkte dem Kellner.

Es wurde ein lustiger Abend.

Insbesondere wegen des Textes.

Denn: Sie werden jetzt genau das vermutet haben, was auch ich damals unter einem »unsittlichen Antrag« verstanden hatte.

Und genau das war der Denkfehler!

Zum Schießen

Ich las das Drehbuch »Hat er Arbeit?«. Darin ging es um die Liquidierung der traditionellen Elbewerft Boizenburg. Ich sollte die Rolle des alten Schiffbauers Hans spielen, dessen Sohn ebenfalls seinen Job verloren hatte. Dieser machte sich auf die Suche nach Arbeit in Hamburg. Gedreht wurde im Jahr 2000 am Originalschauplatz, die Werft war seit drei Jahren tot.

Vor dem Dreh an der Slipanlage ließ ich mir von einem Ingenieur die technischen Abläufe beim Bau eines Schiffes erklären. Plötzlich drehte er sich abrupt um und blickte zum Verwaltungsgebäude. Dort hatte soeben eine schwarze Limousine mit quietschenden Bremsen gehalten, aus der zwei Herren stiegen.

Sein Körper streckte sich, er war sichtlich angespannt. Nach einem kurzen Moment drehte er sich wieder mir zu und murmelte eine Entschuldigung.

»Was war denn?«, erkundigte ich mich teilnahmsvoll.

»Wenn es die gewesen sind, die ich vermute, bräuchte ich jetzt eine Kanone.«

Und dann brach es aus ihm heraus. Damals, 1990, wären sie aus Hamburg gekommen und hätten für eine D-Mark die Werft übernommen. Und nachdem die Fördermittel von mehreren Millionen abgezogen und zur Sanierung der Mutter-Werft im Westen verwandt worden waren, meldeten sie die Elbewerft Boizenburg GmbH als zahlungsunfähig. 750 Schiffbauer verloren ihren Job – obgleich die Auftragsbücher voll waren.

Nun kamen wir und drehten einen Film, der das Schicksal der Werft als Folie benutzte. Und justament in diesem Augenblick erschienen die beiden Schlipsträger.

Ich ahnte, was in dem arbeitslosen Schiffbauingenieur vorging.

Wie erst würde er reagieren, wenn er vor Ausstrahlung des Films die Ankündigung in den ein-

Tatort »Tod einer Heuschrecke«, 2007

schlägigen Programmzeitschriften las? Dort hieß es »Witziges TV-Arbeiterdrama« (*TV Spielfilm*), das die »ostdeutsche Depression mit scharfem Auge« schildere und »jedes Betroffenheitsgetue« vermeide.

Das Drehbuch übrigens wurde 2001 mit dem (west-)Deutschen Fernsehpreis ausgezeichnet.

Der Spind oder Die Würde des Menschen ...

Gleicher Film, anderer Drehort. Der Umkleideraum für 750 Arbeiter, Metallspind reiht sich an Metallspind. Ein riesiger Saal, wo Gespräche, Lachen, Zurufe der Kollegen zu einem Klangbrei verschmelzen.

Ich bezog den mir zugeteilten Spind, wo eine kurze Szene gedreht werden sollte. Die Requisite hatte sehr gut gearbeitet, wie ich beim Öffnen der Tür bemerkte. Waschzeug, Haarshampoo, Badelatschen, Arbeitssachen, hohe feste Schuhe, alles da. Sogar kleine Messingventile und andere Ersatzteile lagen dort, wie das in DDR-Spinden üblich war. Fast jeder ordentliche Arbeiter verfügte über ein privates Ersatzteillager für Verschleißteile an seinem Arbeitsplatze, damit im Notfall gleich selbst der Schaden rasch behoben werden konnte.

Sogar ein Betriebsausweis war vorhanden.

Dafür, so meinte ich, sollte man den Requisiteuren, die kompetent und umsichtig alles arrangiert hatten, ein anerkennendes Wort sagen.

»Neinnein«, wehrten sie meinen Dank ab. »Wir haben da gar nichts gemacht.«

Die Bescheidenheit ehre sie, sagte ich, aber wo Lob angebracht sei, solle man es aussprechen.

»Wir haben überhaupt nichts gemacht. Das war alles drin, was sie vorfanden. Selbst die Schlüssel steckten noch in den Vorhängeschlössern …«

Jetzt verschlug es mir die Sprache. Trauer und Wut stiegen in mir auf. Wir befanden uns also gleichsam auf einem Garderobenfriedhof. Hier war die Existenz von 750 Menschen bestattet worden. Das Ende war abrupt über sie gekommen, dass sie nicht einmal die Zeit oder die Kraft aufgebracht hatten, ihre persönlichen Sachen nach Hause zu tragen.

In was für einem Land lebten wir?

Lebensecht

Gleicher Film – andere Szene. In meine Rolle musste ich mich nicht lange einfühlen. Mein Sohn (gespielt von Wotan Wilke Möhring) und seine entlassenen Mitkollegen hatten sich einen alten Lesereisebus besorgt, Proviant für vier Wochen eingelagert und Matratzen reingelegt. So wollten sie nach Hamburg fahren, um dort eine ihren Fähigkeiten entsprechende Arbeit zu finden.

In der Szene, als sie aufbrechen, verabschiede ich meinen Sohn. Der steht auf der ersten Stufe im Bus, ich reiche ihm einen Pullover mit einer großen Schleife, darunter ist eine Tafel Schokolade geschoben, und sage: »Und melde dich mal zu Weihnachten.«

Dabei flossen mir, ohne dass es im Drehbuch stand, Tränen aus den Augen.

Ich wusste inzwischen einfach zuviel über den Untergang der Werft.

Riesenballons und fliegende Teppiche

Eine Reise nach Kappadokien in der Türkei ist einmalig. Dort erheben sich Berge aus verwittertem Tuffgestein, in denen man früher wohnte. Heute sieht es aus wie Bienenwaben, man könnte auch sagen, wie ein durchlöcherter Käse. Bis in die 60er Jahre waren diese Höhlenquartiere noch bewohnt. Heute nutzt man sie als Lagerräume beispielsweise für Südfrüchte wegen der stets gleichbleibenden Temperatur.

Wir wurden dort rührend umsorgt, mir schien, dass die Menschen eine Spur freundlicher waren als in anderen Ländern. Man bot mir am Strand Ballonfahrten an, aber um 4 Uhr aufstehen, damit man um 6 Uhr in die Luft gehen kann, war mir denn doch etwas zu früh. Außerdem bin ich nicht schwindelfrei. Ich habe mir anschließend von den Ballonfahrern berichten lassen, wie aufregend die Aussicht gewesen war: Die Berge, die Wolken und die aufgehende Sonne habe ihre Sinne Purzelbaum schlagen lassen.

Ihr Hochgefühl hielt den ganzen Tag an, auch später noch ließen sie uns lautmalerisch teilhaben an diesem schönen Augenblick. Ich besuchte stattdessen zu ebener Erde eine Teppichknüpferei, die mir als Schauspieler Theater von höchster Qualität bot. Wir Besucher wurden abschließend in einen großen Saal gebeten, nachdem wir im Erdgeschoss die Herstellung von Teppichen aus Wolle oder Seide bestaunt hatten. Wir nahmen auf den Bänken an den drei Seiten des Saales Platz, an der vierten Seite befand sich die Bühne. Es wurde Kaffee, Tee und Raki serviert, auch etwas zum Knabbern war dabei.

Nach dem alle versorgt waren, begrüßten drei Assistenten den Hauptdarsteller: den Verkaufsmanager. Der erzählte, ach was, deklamierte die Schwere des Teppichknüpfens, wir hörten in akzentfreiem Deutsch von den hohen Betriebskosten, den ständigen steigenden Preisen für Wolle

Auf dem Deckel zum Drehbuch des Tatorts »Blinder Glaube«, 2008

und Seide, für Farben wie für Arbeitskräfte. Das geht ans Herz.

Während seines Monologs rollen unablässig die Assistenten Teppiche vor unseren Augen aus. Bald stapeln sie sich zu Türmen. Ein Teppich bunter und herrlicher als der andere. Sie bewegen sich wie die Derwische, stumm und emsig, während der Solist bramabarsiert. Alle drei Sekunden wechselt die Kulisse, große und kleine, leichte und schwere Teppiche, mit Mustern und mit Bildern, gedeckt und hell leuchtend rollen sie sie mit der Gleichmäßigkeit eines Uhrwerks vor unseren Augen aus.

Zu jenen Beobachtern, bei denen die Augen besondern glänzen, gesellen sich alsbald weitere Assistenten, die freundlich »beraten« und schließlich zur individuellen Weiterversorgung nach nebenan bitten.

Dort schließlich beginnt das große Feilschen.

Denn: Die Mühe und Kunstfertigkeit der Arbeit ist unbestritten, doch man muss sie auch ins Verhältnis zum eigenen Etat setzen.

Nachdem man sich auf zwei Drittel der ursprünglich geforderten Summe geeinigt hat, scheidet man mit der Rolle unterm Arm und dem befriedigenden Gefühl, ein Schnäppchen gemacht zu haben.

Dieses Gefühl sollten Sie sich erhalten.

Darum: Vergleichen Sie niemals daheim die Preise für die hierzulande angebotenen Teppiche aus der Türkei.

Was ist eine Börse?

Herr Schwill, ich will Kiezgeschichten drehen«, sagte der Regisseur vom RBB am Telefon.

»Ham wir schon zu DDR-Zeiten gemacht.«

Er reagierte nicht auf den Einwand.

»Ich möchte 20-minütige Streifen machen. Wir begleiten Schauspieler durch ihre Wohngegend, die dabei erzählen, wie ihr Leben dort war oder ist.«

Ich war dabei, als Gerry Wolff (1920-2005) im Kiez unterwegs war. Das war lange vor seinem Schlaganfall 2001, nachdem er sich aus dem Berufsleben zurückzog. Gerry war ein wunderbarer Schauspieler und Geschichtenerzähler. 1935, inzwischen Vollwaise, emigrierte er als Jude nach Großbritannien. Dort wurde er zunächst als feindlicher Ausländer bei Kriegsbeginn interniert, später war er als Freiwilliger beim Zivilschutz, gehörte der dort gegründeten Theatertruppe der Freien Deutschen Jugend an und arbeitete als Lektor bei einem Londoner Verlag. Dafür zahlten die Briten ihm nach der »Wende« eine kleine Rente, worüber er sich merklich freute. Über die Ungerechtigkeiten und Ärgernisse, die ihm in den 30er und 40er Jahren widerfahren waren, breitete er den Mantel nachsichtigen Schweigens.

Stattdessen unterhielt er uns immer mit jüdischen Witzen. Zwei gingen so:

Moische zum Rabbi: »Sag mir, wann beginnt Leben?«

»Leben beginnt, wenn die Kinder sind aus dem Haus und der Hund ist tot.«

Und der andere:

»Rabbi, was ist eine Börse?«

»Ach, das ist schwer zu sagen. Also, wenn du hast ein Ei, kannste essen auf, oder du lässt brüten aus. Lässt du brüten aus, hast du ein Huhn. Huhn kannst du essen auf oder lässt legen Eier. Lässt legen Eier, haste viele Hühner. Kannste wieder essen auf oder lässt legen Eier. Hast du sehr viele Hühner, so an die 20.000. Wenn dann aber kommt Sintflut und du hättest gezüchtet Enten … Siehst du, das ist Börse!«

Komisch, wenn ich täglich die Nachrichten höre, muss ich immer an Gerry denken.

Zollgeschichten

Schauspielerkollege Erich Mierek und ich, unterwegs von Dubrovnik nach Zagreb, erreichten wegen eines Erdbebens den Flugplatz erst mit Verspätung. Unsere Maschine nach Berlin-Schönefeld war schon weg.

Die hübsche Mitarbeiterin, der wir unsere Interflugtickets vorwiesen, sah uns mitleidig an. Der nächste Flug nach Berlin ginge über München, sagte sie, wir müssten dort umsteigen und nach Berlin-Tegel fliegen.

Gute Idee.

»Erich, aber wie kommen wir von Tegel nach Hause?«, fragte ich meinen Kollegen.

»Mit Bus und S-Bahn, wie denn sonst.«

»Aber wir haben doch kein Westgeld!«

»Das ist im Preis fürs Flugticket mit drin.«

»Schon. Und was sagen die Grenzer, wenn wir am Bahnhof Friedrichstraße einreisen wollen?«

»Na, wir werden denen wahrheitsgemäß sagen, dass wir aus Zagreb kommen.«

»Aber auf dem Ticket steht Berlin-Schönefeld und nicht Berlin-Tegel.«

»Ach komm, heute ist Samstag. Da nehmen sie es nicht so genau. Im Gegenteil: Die werden sich freuen, dass wir es überhaupt geschafft haben.«

»Det is mir alles zu unsicher. Was machen wir, wenn die uns nicht in die DDR reinlassen?«

Mierek winkte ab und beugte sich über den Tresen. »Haben Sie auch einen Flug nach Schönefeld über Wladiwostok oder so?«

Die Hübsche blickte lange auf ihren Monitor und hämmerte auf die Tasten. Nach einer Weile sagte sie: »Am Abend geht eine Maschine nach Prag. Und dort kriegen sie den letzte Flug nach

KUNSTFEHLER (AT)

Drehbuch für einen RBB-Tatort

21. September 2005

Tatort-Drehbuch »Kunstfehler«, 2005

Berlin. Zwei Plätze sind noch frei. Soll ich buchen.«

Ich nickte heftig.

Allerdings übersah ich, dass an meinem Koffer kein Namensschild war. Und es kam, wie es kommen musste: In Schönefeld war mein Koffer weg, das heißt, er war aus Prag nicht mitgekommen.

Ich füllte also meine Vermisstenanzeige aus und gab, wie erwünscht, minutiös an, was der Inhalt des Reisegepäcks war. Einige Büchsen Ölsardinen, ein kleiner Teppich …

Tage später kam der Anruf.

Vor den Augen der grinsenden Zöllner musste ich den Koffer öffnen und bestätigen, dass die Fischbüchsen etc. mir gehörten. Das war mir mehr als peinlich.

Seither tragen auf Reisen alle meine Gepäckstücke Namensschilder.

»Fassen Sie mir bitte nicht ans Gesäß!«

In einer Drehpause saß ich mit Jürgen Holtz, Harald Warmbrunn und Götz Bauer zusammen. Bei Holtz saß der Schalk im Nacken, und seine Geschichten trieben uns die Lachtränen aus den Augen.

»Ich kam von einer Theatertournee aus dem Westen«, hob er an. »Im Gepäck hatte ich einen Bildband mit japanischer Aktmalerei. Mich quälte nur eine Frage: Wie kriege ich das Buch durch die Grenzkontrolle?«

Bei der Einreise habe er den Koffer lässig platziert, ihn geöffnet, doch der Grenzer sagte:

»Ihren Pass, bitte.«

»Was für einen Pass?«

»Ihren selbstverständlich.«

»O Gott, wo habe ich den nur?« Holtz beginnt zu spielen, wie er sich vom Kopf bis zum Zeh abtastet, um das Dokument zu finden. Wir biegen uns vor Lachen.

»Der Uniformierte wird langsam ungehalten und drängelt, hinter mir stünden noch etliche andere Menschen.«

Dann endlich entdeckte Holtz in einer abgelegenen Manteltasche überraschend das Papier und reiche es hinüber. »So kam ich unkontrolliert durch den Zoll und der Bildband in die DDR.«

Ein andermal hatte er Westgeld im Gepäck. Um es unbemerkt einzuschleusen, hatte er es in ein Tütchen gerollt und seine rückwärtige Spalte dafür als Depot benutzt.

Es kam, wie es kommen musste: Leibesvisitation. Als die tastenden Hände der kritischen Stelle immer näher kamen, rief er theatralisch: »Fassen Sie mir bitte nicht ans Gesäß, ich bin schwul!«

Erschrocken zuckte der Zöllner zurück – und ließ ihn passieren.

Die kleinen und die großen Verbrechen

Früher fuhr ich ins Studio nach Babelsberg. Der Aufnahmeleiter begrüßte mich freundlich und legte mir meinen Gagenschein vor, den ich zu unterschreiben hatte. Am späten Nachmittag, als die Dreharbeiten beendet waren, übergab er mir die Disposition für den nächsten Drehtag und einen Umschlag mit der Gage. »Die Tüte muss ich aber wieder haben, sonst gibt es morgen kein Geld«, sagte er dazu. Die DEFA sparte also selbst dort.

Bei meinem ersten Drehtag in der neuen Zeit spielte ich im Tatort »Blutwurstwalzer« einen Bierkutscher und fuhr einen Lkw mit Überlänge. Am Ende des Drehtages fragte ich nach meiner Gage. »Nee, Herr Schwill, wir haben doch hier am Drehort kein Bargeld. Da müssen Sie schon zur Produktion fahren.«

Also fuhr ich am nächsten Tag in die Masurenallee.

»Ach, das ist aber schön, dass Sie uns mal besuchen«, sagte man zur Begrüßung und tat so, als habe man ausgerechnet auf mich gewartet. Die Freundlichkeit verlor sich allerdings, als ich die Frage nach der Gage stellte.

»Ja, äh, da fehlen noch Unterschriften, und der Chef ist in einer Sitzung.«

»Ich hab Zeit, dann warte ich eben.«

Im Nebenraum wurde eifrig telefoniert.

Nach fast zwei Stunden Warterei bekam ich meine erste »Westgage« an der Kasse ausgehändigt mit dem Hinweis, ich solle mir doch ein DM-Konto einrichten, jetzt würde alles à-conto abgewickelt werden.

Oben und Unten

Tatort »Oben und unten«, 2008

Beim Besuch der Bank sagte ich zu der freundlichen Mitarbeiterin: »Wissen Sie eigentlich, dass Sie bei einer kriminellen Vereinigung arbeiten?«

Sie erschrak. Aha, das dachte ich mir. Sie kannte weder Brecht noch dessen Dreigroschenoper. Sonst wüsste sie: Was ist ein Einbruch in eine Bank gegen die Gründung einer Bank …?

Deutschland e. V.

Ich lese in der Zeitung, dass ein Bürgermeister, der nach acht Jahren abgewählt wurde und noch zu jung ist, sich zur Ruhe zu setzen, die Frage des Blattes, was er denn nun zu tun gedenke, mit dem Hinweis beantwortete, sich um die Vereine zu kümmern, die er ins Leben gerufen habe.

Ich weiß nicht, wie viele Vereine es in Deutschland gibt, aber angesichts dieser Vereinsmeierei kommt es mir inzwischen so vor, als sei ganz Deutschland ein einziger eingetragener Verein. Der Deutschland, einig Vaterland e. V.

Rolf, mein Freund

Rolf Losansky, Josanski genannt, spazierte einmal mit mir an der Oder in seiner Geburtsstadt Frankfurt entlang. An der Dampferanlegestelle ging er die Treppe hinunter bis ans Wasser, nahm seine Mütze ab, schöpfte damit ein wenig Wasser und träufelte es sich auf den Kopf. Sein Vater habe ihm gesagt: »Das Wasser auf deinem Kopf macht dich stark. Sieh doch den Strom, wie kraftvoll er dahinfließt, und obgleich dies in aller Ruhe und Gemächlichkeit geschieht, bewegt er doch dabei so viel.«

Wir kennen uns seit unserer Zeit an der Filmhochschule in Babelsberg. Er studierte Regie und ich Schauspiel. Nach der Hochschule verschrieb sich »Josanski« dem Kinderfilm, ich ging 1960 für zwei Jahre zum Erich-Weinert-Ensemble. 1962 bot er mir die Rolle des Wachtmeisters Löffelholz in seinem Film »Die Suche nach dem wunderbuntern Vögelchen« an. Ich staunte damals über seine innere Ruhe, wenn er mit den Kinderdarstellern arbeitete.

Als er mir später am Ufer der Oder die Vater-Geschichte erzählte, erfuhr ich den Grund.

Jedes Mal, wenn ich jetzt in Frankfurt an der Oder bin, wiederhole ich diese Übung.

LeoLiese

So heißt das Leipziger Filmfest, dass sich an Kinder und Jugendliche richtet. Es besteht sei der Jahrtausendwende. 2009 wurde Rolf Losansky eingeladen, es sollte »Die Suche nach dem wunderbunten Vögelchen«, 1963 gedreht, gezeigt werden. Er bat mich, ihn zu begleiten.

Die Gespräche mit den Kindern waren herzerfrischend. Sie bestätigten, was wir ahnten: Der Film hat nach einem halben Jahrhundert nichts an seiner Wirkung eingebüßt. Er ist auch insofern als Klassiker, als er überall auf der Welt und zu jeder Zeit von den jungen Zuschauern verstanden wird. Selbst ohne Ton »funktionierte« er, allein die Bilder machen deutlich, wer gut und wer böse ist.

Eigentlich müsste Rolf noch immer drehen. Aber die Ärzte haben es ihm untersagt. Das Herz … Sagen die Spezialisten. Sein Hausarzt hingegen ist der Meinung, mit dieser Pumpe wird er hundert. Wem soll man vertrauen?

Ich glaube dem Hausarzt.

Und danke ihm, dass er bis heute Recht behielt. Und Rolf, dass ich in vielen seiner Kinderfilme mitwirken durfte.

Entwurf für eine Glückwunschkarte zum 70.,
Titel von Aljinovic: »Sie nannten ihn Schwilli.«
Rechts die Ausführung, natürlich in Farbe, 2009

Geld stinkt nicht?
Von wegen

Als Elfriede, die Tante meiner Frau Anke, in Hamwedel im November 1989 siebzig wurde, war der Einladung die Bemerkung beigefügt: »Ihr schlaft bei uns.«

Wir waren die ersten Ossis, die in ihrem Dorf in Schleswig-Holstein nach dem Mauerfall auftauchten. Der Bürgermeister zeigte uns stolz seine großen Kuhställe und ich staunte über die Technik: Im Schlafzimmer sah er auf dem Monitor, ob und wie viel seine Kühe fraßen.

Fast zwei Jahrzehnte später trafen wir ihn wieder. Cousine Annegret und ihr Mann Harald feierten Silberhochzeit. Zum Jubiläum war das halbe Dorf im Gasthaus versammelt. Meine Frau saß mir gegenüber und neben einem älteren, kräftig gebauten Herrn: jenem nunmehrigen Ex-Bürgermeister.

Im Gespräch mit meiner Frau ging es um Freiheit, Demokratie und Reisen und wie froh wir doch sein müssten über die Wiedervereinigung – nun sei doch alles für uns besser geworden. Ich bekam wegen der lauten Stimmung im Saal nicht alles mit, sah aber, dass meine Frau immer saurer wurde.

Bei der Verabschiedung lud er mich ein, am nächsten Tag seine neue Biogasanlage zu besichtigen, mit der er hundert Haushalte versorge.

Auf dem Weg dorthin wies Silberbräutigam Harald auf eine Villa. Die sei etwa eine Million wert, sagte er, und gehöre dem ehemaligen Bürgermeister.

Woher hat er das Geld, fragte ich naiv. Alles mit Biogas?

Harald blies die Backen auf. »Das hat er bei euch, im Osten, verdient.«

»Mit seinen Kühen?«

»Quatsch. Als Gutachter für die Treuhand. Es ging dabei um die Reprivatisierung von Staatsgütern oder so.«

Mir stank nicht nur die Gülle, die er in seine Biogasanlage pumpte.

I had a dream

Von einem anderen Planeten kamen kleine, grüne Männchen und sprachen im Traum zu mir: »Euer dicker Kanzler hat einen Fehler gemacht. Er hätte veranlassen sollen, dass die 16 Millionen Ostdeutschen auf den Mond geschossen oder noch besser: erschossen worden wären.

So hätte man etwa den Altbesitzern bei der Rückübertragung ihrer Ländereien und Betriebe viel Händel erspart, und auch die Munitionsfabrikanten, die bei der Herstellung der Einheit leer ausgingen, hätten ihren Schnitt machen können. Die Sargtischlereien hätten gleichfalls Konjunktur erlebt, und Vorpommern, das ohnehin ausgestorbene Land, hätte als Endlager endlich einmal eine sinnvolle Aufgabe zugewiesen bekommen. Als größter Friedhof Europas, wenn nicht gar der Welt, würden die Ströme der Pilgerer zur Belebung des Tourismus erheblich beitragen.«

So flüsterten die Marsmännchen in meinem Albtraum und vergaßen auch nicht zu erwähnen, dass es natürlich unter solchen Umständen auch keine Linkspartei geben würde, die gelegentlich im Bundestag stänkerte, und vor allem keinen Solidaritätszuschlag, der den Westdeutschen aufgebürdet würde. Zugegeben, es würden diese Abgabe wie auch andere Steuern, die ebenfalls im Osten erhoben werden, am deutschen Haushalt fehlen. Doch schließlich sei es 40 Jahre auch ohne die Ossis gegangen, warum also nicht auch länger.

Naja, warf ich bescheiden im Tiefschlaf ein, dem Westen würden dann vielleicht auch jene drei Millionen Fachleute fehlen, die seit 1990 nach drüben gingen, um dort für den Aufschwung zu sorgen, weil es im Osten keine Arbeit mehr gab. Denn die Einladungen an die Bewohner anderer Staaten der Dritten Welt blieben ohne Echo, es gab lediglich welches in Westdeutschland selbst: »Kinder statt Inder!« lautete da die Parole. Und: »Das Boot ist voll!«

Ich schreckte auf. Gottlob, es war nur ein böser Traum.

Bis auf die drei Millionen zumeist jungen Ostdeutschen. Die waren wirklich weg.

Einmal Delhi und zurück

In den 60er Jahren wollten Bollywood und Babelsberg kooperieren. Es sollte eine deutsch-indische Gemeinschaftsproduktion geben, der Film sollte um Alexander den Großen gehen. Der Beitrag der DEFA bestand darin, Gerhard Rachold als Alexander beizusteuern. Mit Gerhard, Jahrgang 1928, hatte ich bereits 1957 vor der Kamera in »Berlin – Ecke Schönhauser« gestanden.

Er flog also nach Indien, war beeindruckt vom exotischen Leben und der Armut, die ihm täglich vorm Hotel begegnete. Fast täglich suchte er das Filmstudio auf, um erstens ein Drehbuch zu bekommen und um zweitens zu erfahren, wann mit dem Drehbeginn zu rechnen war.

Das zog sich etwa ein Vierteljahr hin, ohne dass ihm eine befriedigende Auskunft zuteil geworden wäre. Langsam machte sich Heimweh in ihm breit, und auch das Fremdartige des Landes hatte seinen Charme inzwischen verloren: Es war Alltag, und der war trist.

Zufällig wurde er Ohrenzeuge eines Gesprächs im Studio, in welchem es eindeutig um »seinen« Film ging. Offenkundig suchte man noch immer einen zahlungskräftigen Sponsor, der den Drehbuchautor bezahlte.

Wütend machte sich Rachold auf den Weg zur Handelsvertretung der DDR, denn eine Botschaft gab es noch nicht. Die Bundesrepublik sorgte mit ihrem Alleinvertretungsanspruch und der Hallstein-Doktrin dafür, dass kein Staat – auch nicht die größte Demokratie der Welt, wie die einstige britische Kronkolonie tituliert wurde – die DDR völkerrechtlich anerkannte. Bei Zuwiderhandlung drohte Bonn den Abbruch der politischen wie der wirtschaftlichen Beziehungen an. Das funktionierte.

Tatort »Unter den Rädern«, 2007

In der Handelsvertretung trug Rachold seinen Wunsch vor, umgehend nach Hause zurückkehren zu wollen.

Kein Problem, hieß es. In einer Woche würde ein Schiff in Rostock nach China aufbrechen, und auf dem Rückweg käme es in Kalkutta vorbei, da könne er zusteigen.

Man kann doch aber auch fliegen, warf Rachold ein.

Natürlich, sagten unsere Handelsvertreter. Aber die INTERFLUG kommt nicht bis Delhi, und die anderen Linien nehmen nur Dollar, die man nicht hätte.

Daraufhin steuerte er die Vertretung der Bundesrepublik an.

Sie wollen nach Berlin? Kein Problem. Da helfen wir doch gern.

Als er jedoch präzisierte: Ost-Berlin, da war es dann doch ein Problem.

Plötzlich entsann sich Gerhard seiner in Westberlin lebenden Mutter. »Hören Sie«, sagte er, »Sie müssen mir nur das Geld fürs Ticket vorstrecken, meine Mutter wird der Bundesrepublik Deutschland alles auf Heller und Westmark zurückzahlen.«

Schönschön, antwortete man. »Aber Sie müssen sich in unserer Passabteilung ein Dokument ausstellen lassen. Denn da es Ihr Land für uns nicht gibt, besitzen Sie folglich auch keine gültigen Papiere.«

Also geschah es.

Daheim bei der DEFA erstattete Gerhard Ra-chold Reisebericht. Man hörte sich alles aufmerk-sam an – und löste den seit 1960 bestehenden Ar-beitsvertrag, weil er sich mit dem Klassenfeind unzulässig eingelassen hatte. Daraufhin ging er, das war 1967, nach Frankfurt an der Oder und spielte dort – bis 1993, als er sich mit seiner Frau das Leben nahm – am Kleist-Theater.

Allerdings stand er bei fast allen Indianerfilmen vor der DEFA-Kamera, und an fünf Teilen der er-folgreichen Reihe »Das unsichtbare Visier« wirkte er ebenfalls mit.

Er war eben eine richtige Rothaut.

»So nich, Sie Schwein!«

Uschi Staack war eine freundliche, nette Kollegin. Sie hatte, je nach Bedarf, das Mundwerk einer Prinzessin oder einer Fischfrau. Uschi war nicht all zu groß, stämmig gebaut, mit üppigen Rundungen hinten wie vorn. Da man ja meist einem Menschen von vorn begegnet, fielen einem die schön geratenen Brüste sofort ins Auge. Sie verstehen, wie ich das meine. Brüste können natürlich nicht ins Auge fallen – es sei denn, man liegt unter ihnen.

Uschi erzählte, dass sie, an der Straßenbahnhaltestelle am U-Bahnhof Schönhauser Allee an einem lauen Sommertage auf die Bahn wartend, von einem Kerl unablässig angestiert worden war. Seine Blicke gingen ihr zunehmend auf die Nerven, also wechselte sie den Platz. Doch der Kerl folgte ihr. Egal, wohin sie sich auch wandte.

Also schaltete sie auf Angriff, es standen schließlich genügend Leute herum.

»Die wolln Se wohl mal angrapschen, wat? So nich, Sie Schwein!«

Der Mann zuckte zusammen und war augenblicklich wie vom Erdboden verschwunden.

»Ick helf dia«

Uschi Staack und ich spielten in dem Fernsehfilm »Der Stern wird rot« von Sean O'Casey ein paar Szenen zusammen, sie als Magd und ich als Klosterbruder. Ich stand wartend in der Küche, sie wuselte und hantierte mit den Küchenutensilien. Von meinem Trieb übermannt, so stand es jedenfalls im Drehbuch, sollte ich sie packen, auf den Küchentisch legen und mich oben drauf.

Als der Tag der Probe kam, sah Uschi in meinen Augen die Zweifel, dass ich diese Vergewaltigung vor der Kamera meistern würde. Sie grinste.

Ich trug eine Soutane, dazu einen Schal und an einer Strippe baumelnde Fausthandschuhe, die ich in der Küche langsam ausziehen sollte, sie aber weiterhin aus den Ärmeln der Kutte hingen. Uschi hatte einen langen Rock an, dazu ein Mieder, das ihren Busen richtig hervorquellen ließ.

Mir war die Szene unangenehm. Ich wusste nicht, wie und wo ich sie anfassen sollte, ich wand mich wie ein Aal, bis Uschi endlich Mitleid mit mir hatte und mich beiseite zog: »Ick weeß, det dir dit peinlich iss, aber wolln wia den Regisseur enttäuschen? Denke, ick bin deine Anke, also ran an de Möpse. Denn fasste mia an de Tallje, also an de Stelle, wo man annehmen könnte, det da eene is, dann hebste mia an und ick hopse mit deiner Hilfe uffn Tisch. Keene Angst, Ernste, ick helf dia.«

Und so haben wir's gemacht.

Mann, det war vielleicht 'ne Nummer!

Tünnes und Schäl

Ich musste zu Dreharbeiten nach Köln. Der Flug war eine Katastrophe. Zuerst hatte ich ein Pfeifen im Ohr, das in einen dumpfen Ohren- und Kopfschmerz überging. Beim Aussteigen war ich auf dem einen Ohr halb taub und alle Geräusche drangen wie durch Watte auf mein Trommelfell. Meine Stimmung war entsprechend.

Der Produktionsfahrer erwartete mich bereits und hielt ein Schild mit meinem Namen über seinem Kopf.

Die Fahrt bis zur Domstand ging zügig, doch in der Innenstadt staute sich der Verkehr. Ich bewunderte die Geschicklichkeit des Fahrers, der dennoch irgendwie vorwärts kam. Der Empfang in dem kleinen Hotel, das man für mich gebucht hatte, war professionell freundlich. Meine Frage, wann in der Kirche gegenüber die Glocken läuteten, wurde kurz und bündig beantwortet. Einmal am Tag, und zwar 18 Uhr.

Bis zum Dom waren es zehn Minuten zu Fuß. Den wollte ich unbedingt bei meinem ersten Besuch in der Stadt besichtigen.

Dann stand ich davor und legte den Kopf in den Nacken. Mann, war det ein Klopper! Ich fühlte mich als Ameise.

Neben dem Dom befand sich der Hauptbahnhof. Uffpassen, uffpassen, sagte ich mir beim Überqueren der Straße, der Autoverkehr.

Drinnen war die erhabene Stimmung gleich im Eimer angesichts der Touristenmassen, die sich durchs Kirchenschiff wälzten. Es wird gegackert und gelacht, die Kameras rattern im Dauerbetrieb. Schöne bunte Fenster, dachte ich, und tat so, als sähe ich die Kirchendiener mit ihren Klingelbeuteln nicht. Einige Leute sitzen auf den Bänken, beten oder denken nur nach.

Ein Betrieb ist das hier, als gibt's hier was umsonst? Was wollen denn die vielen Leute hier?

Dasselbe wie ich, natürlich.

Das Gedränge veranlasst mich, den Dom am nächsten Ausgang zu verlassen. Ich gehe in Richtung Rhein. An der rechten Seite des Doms, unten im Keller, sind die Werkstätten der Dombaumeisterei. Neugierig schaue ich den Steinmetzen zu.

Tochter Heike hatte mich gebeten, einen Pullover von Gaffel-Kölsch mitzubringen. Das Geschäft sei am Alten Markt. Nachdem das erledigt ist, schlendere ich durch die Altstadt und entdecke, in Bronze, Tünnes und Schäl, die beiden legendären Figuren aus dem Hänneschen Puppentheater. Bauernschlau der eine, ein schräger Vogel der andere. Schlitzohrig sind sie beide.

Apropos Ohr: Was machen meine?

Es geht ihnen besser, wie ich erleichtert spüre.

Tünnes und Schäl stehen auf der Rheinbrücke. Es ist windig. Kommt ein kleines Mädel vorbei, der Wind hebt ihren Rock hoch, der Allerwerteste blitzt in der Sonne. »Hier hast du drei Mark, kauf dir mal einen Schlüpfer!«

Daheim erzählt sie ihrer Mutter, dass sie drei Mark dafür bekommen habe, dass sie ohne Schlüpfer über die Brücke gegangen ist.

Die Muttter möchte das auch und geht den gleichen Weg. Der schwere Rock will nicht recht fliegen, sie hilft ein wenig nach. Tünnes und Schäl sehen es. »Hier hast du 50 Pfennig, kauf dir mal ein Haarnetz!« …

Ich ziehe meine Mütze tief ins Gesicht und mache mich auf den Weg über den Rhein.

Ossi-Outing

Nach einigen Fehlschlägen fand meine Frau Anke wieder Arbeit als Verkäuferin, diesmal in einem Bettengeschäft. Beim Einstellungsgespräch in Westteil Berlins wurde sie gefragt, was sie gelernt habe. Fachverkäuferin im Autohandel, antwortete Anke wahrheitsgemäß.

Dröhnendes Gelächter. Ihr hattet doch nur Trabant, und auf den musste man fünfzehn Jahre und noch länger warten.

Es gab Wartburg, Skoda, Moskwitsch, Lada, Polski Fiat, Saporoshjez, Westimporte wie …

Gut, gut, unterbrach man sie. Das Halbwissen sollte keinen Schaden nehmen. »Sie können bei uns anfangen! Ich will Ihnen aber gleich sagen, dass die erste Verkäuferin nicht gut auf Ossis zu sprechen ist.«

Nach einem halben Jahr war Schluss.

Anke wechselte in ein anderes Bettenhaus.

Die Kollegen dort waren nett, nur der Chef war ein Arsch. Argwöhnisch achtete er darauf, dass sich kein solidarischer Zusammenhalt oder gar Freundschaften unter den Kollegen entwickelte. Er führte den Laden nach dem alten Römer-Prinzip: teile und herrschte. Und säte Argwohn und Misstrauen untereinander.

Eines Tages kam ein junger Mann mit einem bunten Irokesenschnitt. Die Verkäuferinnen gingen alle auf Tauchstationen. Was sollte der schon wollen? »Anke, Kundschaft«, hieß es.

»Ich habe nur 200 Mark, brauche aber eine Matratze!«

»Kein Problem«, sagte Anke. Im Lager lag preisreduzierte Ware.

»Und: Haben Sie einen Lattenrost als Unterlage, oder wofür wollen Sie die Matratze nutzen?«

»Ich schlafe auf dem Fußboden.«

Tatort »Gefährliche Gefühle«, 2006. »Fürs Schwille, weils langes Warten gab und alles Liebe. Boris«

»Das geht überhaupt nicht«, erklärte ihm Anke. »So eine Matratze muss atmen. Jeder Mensch, auch Sie, schwitzt beim Schlafen Wasser aus. Nachher kriegt die Matratze Stockflecken und Sie reklamieren, ich hätte Ihnen Mist angedreht.«

Der Irokese schüttelte seinen Kamm. Neinnein, das würde er bestimmt nicht machen.

»Sie brauchen einen Lattenrost«, bestimmte Anke.

»Ich habe aber nur 200 Mark und kein Bett«, beharrte der Mann.

»Passen Sie auf: Ich verkaufe Ihnen eine Matratze und einen Lattenrost für 200 Mark. Und sie klauen sich auf einer Baustelle vier Ziegelsteine, auf die Sie den Rost mit Matratze packen.«

Damit hatte sich Anke endgültig als Ossi geoutet: kein Problem ist unlösbar, wenn man denn improvisieren kann.

Drei Tage Knast. Beinahe

Meine Armeedienstzeit leistete ich beim Erich-Weinert-Ensemble (EWE). Diese Kulturgruppe der NVA bereiste die großen und kleinen Dienststellen. Es bestand aus einem Orchester, einem Chor, einem Kabarett und einem Ballett sowie einer Schauspielgruppe, der ich angehörte. Das Ensemble zählte etwa 300 Künstler und erfüllte nicht nur einen kulturpolitischen Auftrag im Sinne einer moralisch-patriotischen Stärkung der Truppe, sondern war auch Auffangbecken für mehr oder minder prominente Wehrpflichtige, denen man etwa den Einsatz als mot.-Schütze ersparen wollte.

Unsere Schauspielergruppe, zwölf Mann stark, gastierte in Plauen an der Offiziersschule. Während unser Chef mit der Schulleitung die Termine abstimmte, bezogen wir unser Quartier. Die Nachricht, die er mitbrachte, verschreckte alle.

»Wir sollen schon morgens um sechs Uhr spielen, um nicht die Ausbildung zu stören.«

So früh hatte ich noch nie gespielt, von Nachtaufnahmen beim Film einmal abgesehen.

»Um sechs Uhr ist es noch dunkel«, rief ich. »Ham die ein Ei uffm Kopp? Da kann man doch noch keine Kunst genießen!«

Anstelle von Frühsport, waschen und frühstücken, weil der Unterricht um acht Uhr begann.

»Die Jungs pennen doch im Kulturhaus weiter. Und wir müssen schon gegen vier aufstehen, um zu arbeiten. Nee, da mache ich nicht mit!«

»Das ist Befehlsverweigerung«, rief der Chef.

»Das ist mir scheißegal.«

»Dafür gehst du in den Kahn. Und zwar für drei Tage.«

»Na und.« Mir war seine Drohung gleichgültig. Ich hatte absolut keinen Bock.

Auch die anderen murrten. Daraufhin marschierte der Chef genervt noch einmal zur Schulleitung und kehrte alsbald mit einem Lächeln zurück.

»Jungs, wir spielen später. Und zwar erst um acht.«

»Aber da ist doch bereits Schule«, warf ich ein.

»Stimmt. Wir spielen im Staatsbürgerkundeunterricht.«

Die Pistole und andere Dienstvorschriften

Auf unserem Tournee-Plan standen Eggesin, Torgelow und Wismar. Da es bereits Herbst war, trugen wir befehlsgemäß Winteruniform, also mit Mantel, den wir wegen des groben Stoffs Pferdedecke nannten. Um den Bauch wurde noch ein Koppel geschnallt. Kleine Menschen wie unsereiner sahen darin wie eine geschnürte Presswurst aus.

Deshalb trug ich das Koppel unterm Mantel. Und wenn eine Militärstreife kam und die unzulässige Kleiderordnung monierte, sagte ich, dass es für Mitglieder des Erich-Weinert-Ensembles eine Sonderbestimmung gebe. Das verfehlte seine Wirkung nicht.

Vor der Abfahrt in den Norden befahl unser Gruppenleiter, dass wir die Waffen mitnehmen sollten.

Was soll der Quatsch, reagierten wir ablehnend. Wir sind Schauspieler, kein Rollkommando.

Der Genosse Unteroffizier ließ sich jedoch nicht davon abbringen und schnallte sich seine Pistole um. Wichtigtuer, dachten wir und zeigten ihm den Vogel.

Nach unserem Auftritt in Wismar kehrten wir noch in ein Tanzlokal ein.

Unser Chef kam zu mir und flüsterte: »Ernste, kannst du mal bitte die Waffe nehmen? Ich habe da ein Mädel im Auge und würde gern mit ihr tanzen!«

»Na mach's doch«, sagte ich und grinste hämisch.

»Aber doch nicht mit der Pistole.«

»Da hättest du früher dran denken sollen«, sagte ich und schaltete auf stur.

»Mensch, Ernste, sei doch nicht so …«

»Nee, das Ding nehme ich nicht, höchstens das Futteral. Und die Puste steckste in deine Hosentasche.«

»Und wenn wir eng miteinander tanzen, spürt sie vielleicht den Prügel …«

»Na klar«, feixte ich. »Entweder knallt sie dir dann eine, oder es wird für dich noch ein erfolgreicher Abend.«

Nun, ich verlor ihn bald aus den Augen. Am nächsten Morgen gab ich ihm das Futteral zurück.

Die Uniform

Nach einem Auftritt in Kühlungsborn gehen wir in Ausgang. Natürlich in feldgrauer Uniform. Am Ärmel ist der Schriftzug aufgenäht: Erich-Weinert-Ensemble der NVA.

Es ist Ostseewoche, weshalb alle Restaurants und Lokale überfüllt sind. In einer Kneipe bekommen wir jedoch Einlass und unser Bier. Doch plötzlich erreicht ein Schrei unsere Ohren. Er kommt von einer Frau am Nebentisch. Sie ist bleich und ringt sichtlich um Fassung.

Ihr Begleiter erhebt sich und kommt an unseren Tisch. Er entschuldigt sich. Sie kämen aus Dänemark, seine Frau habe unter der deutschen Besatzung ihre Eltern verloren. Die Uniform …

Er macht eine abwehrende Geste. Wir wissen, was er meint. Unsere und die Gewandung der Wehrmacht unterscheidet sich nicht so erheblich. Die ersten Entwürfe der NVA-Uniformen hatte Mitte der 50er Jahre Marschall Shukow verworfen, sie glichen zu sehr den sowjetischen Uniformen. Ihr seid eine deutsche Armee, keine russische, soll er gesagt haben, womit es als beschlossene Sache galt, wo die Uniformschneider ihre Vorlagen hernehmen sollten.

»Wenn Sie vielleicht an unseren Tisch kämen?«

Wir kamen der Bitte gern nach, um seiner Frau zu erzählen, das wir weder dem Geiste noch dem Inhalt nach irgendetwas mit der Nazi-Wehrmacht zu tun hätten. Ich sei, sagte ich, 1939, im Jahr des Kriegsbeginns, in Berlin geboren, und habe als Kind im Krieg gelitten.

Am Ende tauschten wir unsere Adressen.

Ich habe geraume Zeit mit Knut, dem Dolmetscher, korrespondiert.

Und keiner hat's bemerkt. Zwar waren wir sehr dafür, dass die Ostsee zu einem Meer des Friedens wurde, doch Brieffreundschaften waren dafür nicht vorgesehen.

Vor dem Klo und nach dem Essen ...

Ich war noch an der Filmhochschule, als ich meine erste Fanpost bekam. Sie hieß Maria, war fünfzehn und hatte mich in »Sie nannten ihn Amigo« gesehen. Ich spielte darin den 15-jährigen Berliner »Amigo«, der 1939 in einem Keller einen geflohenen KZ-Häftling findet. Er hilft ihm, doch einer seiner Freunde, der davon wusste, verpfeift ihn. »Amigo« kommt ins KZ, sein Vater wird in Plötzensee ermordet. Das Lexikon des Internationalen Films bewertet heute den Streifen von Heiner Carow aus dem Jahr 1959 als »handwerklich solide, atmosphärisch genauen Film, der durch seine Darstellerführung überzeugt«.

Maria lud mich ein – nach Kaposvár. Dort lebte sie. Maria war nämlich Ungarin.

Also da wollte ich hin.

Die ganze Familie holte mich auf dem Bahnhof ab. Der Vater arbeitete in einer landwirtschaftlichen Produktionsgenossenschaft, und Maria hatte Ferien. Der Vater fuhr mit uns übers Land, zeigte mir seinen Betrieb und versuchte, mir den Unterschied zwischen Paprika und Peperoni zu erläutern, was selbst Maria, die zudem alles übersetzen musste, sichtlich überforderte.

Um mich von den Unterschieden auch praktisch zu überzeugen, wurden mir diverse Proben zum Kosten in die Hand gedrückt. Eine Schote brannte schärfer als die andere.

Irgendwann musste ich auf die Toilette.

Marias Mutter sagte, ich solle mir die Hände waschen. Das fand ich ein wenig oberlehrerhaft. Natürlich wusch ich mir auch nach dem Pinkeln stets die Hände.

Ich suchte also die Toilette auf, kramte mein Patengeschenk aus dem Hosenstall und erleichterte mich. O verdammt, das brannte ja wie Sau! Als hätte mir jemand Salzsäure über den Pinsel

Tatort »Dornröschens Rache«, 2006

geschüttet. Das war ja nicht zum Aushalten. Ich eilte zum Wasserhahn, aber trotz Spülung ließ das Brennen nicht nach.

Mit hochrotem Kopf schlich ich zur Tafel zurück. Marias Mutter sah mich und wusste sofort Bescheid. »Ich habe doch gesagt: waschen«, übersetzte Maria. »Und zwar vorher, und kräftig mit Seife. Denn an den Händen hast du die Öl von die Chili.«

Wir haben uns nie wieder gesehen.

Aber unlängst erreichte mich Post aus Ungarn. Nach einem halben Jahrhundert hatte sich Maria an mich erinnert und eine Karte geschickt.

Aber falls wir uns treffen und Chili essen sollten, wozu wir eigentlich verpflichtet sind, weiß ich, was sich gehört: Hände waschen.

Aber vorher.

Dienen ja. Aber nur unter Umständen

Er war Geselle beim Brunnenbauer Heinz Schulz und hieß Thomas. Als er im Sommer 1988 in Königs Wusterhausen seine Carola heiratete, machte ich mich anheischig, sie mit meinem Wartburg zum Standesamt zu kutschieren. Denn das war auf unserem Dorf wie hierzulande überall völlig normal: einer half dem anderen. So wuchs Verbundenheit und wechselseitig Verantwortung. Heute heißt es, das wäre eine Notgemeinschaft gewesen, der Mangel habe die Ostdeutschen zusammenrücken lassen, weshalb heute, wo es alles gibt, diese Gemeinschaft nicht mehr existiere. Das halte ich für Unsinn. Nicht der Mangel sorgte für den Zusammenhalt, sondern die Nähe. Wir waren uns einander nah und vertraut, Neid und Missgunst waren uns im Prinzip fremd. Nicht der Ellenbogen war das wichtigste Körperteil, sondern das Herz. Gemeinsinn statt Eigensinn, lautete die Losung. Der Mensch ist von Natur aus ein Gesellschaftstier und kein einsamer Wolf. Statt Ich, Ich, Ich – wie heute üblich – sagten wir Wir.

Nun wäre eine Hochzeitsfahrt mit Wartburg langweilig gewesen. Da ich aktuell in einem Theaterstück in einer Puppenbühne einen Direktor mit Livree und Schirmmütze spielte, gab ich den Fahrer in eben dieser Uniform.

Vorm Standesamt öffnete ich den Fond, lüftete die Mütze und machte einen Diener, als Braut und Bräutigam ausstiegen. Die Gäste johlten, denn eine solche Figur gehörte zur Geschichte, nicht in die Gegenwart. Heute, nachdem die Vergangenheit wieder kapitalistische Gegenwart geworden ist, sieht man vor den Nobelhotels wieder die Graugefrackten stehen wie anno Putz. Da würde so etwas überhaupt nicht auffallen.

Die Kinder hatten am Tag der Hochzeit auch ihren Spaß. Wir hatten das Kasperletheater aufgebaut und spielten. Anke gab die Grete und ich den Kasper. Diese Art Diener spielte ich leidenschaftlich gern.

Im realen Leben aber bin ich dafür nicht geeignet. Da stört der eigene Kopf.

Schwilles Kasperletheater

Glücklich trotz Handicap

Der Gehörlosenverband bat mich, in einem Kurzfilm mitzuwirken, natürlich ohne Gage. Keine Frage, ich sagte zu. Ich sollte darin einem gehörlosen türkischen Bratwurstverkäufer beibringen, wie er trotz seines Handicaps Würste erfolgreich verkaufen kann.

Wir drehten im Freibad Humboldthain im Wedding. Die Regisseurin beherrschte die Gebärdensprache, die meisten Mitarbeiter verständig-

In einem Film für den Gehörlosenverband mit dem seit Geburt gehörlosen Künstler Okan Seese

ten sich nur mit Gesten. Die Aufnahmeleiterin hielt ein Schild hoch: Ruhe! Wir drehen! Und drehte das Schild, für alle sichtbar, über ihren Kopf.

Wozu, fragte ich mich, war doch alles still hier.

Denn anders als gemeinhin üblich, wo alles am Set durcheinanderschnattert, herrschte hier absolute Ruhe. Wenn man sich etwas mitzuteilen hatte, geschah dies lautlos und mit den Händen oder Blicken.

Ich beobachtete eine junge Mutter mit ihren drei gehörlosen Kindern auf der Liegewiese. Sie unterhielten sich, so liebevoll und einfühlsam, dass mit das Herz aufging. Mit Hilfe der »Dolmetscherin« erkundigte ich mich nach ihrem Namen und ihrer Profession. Sie heiße Tina und war einmal Buchbinderin. Jetzt jedoch sei sie nicht mehr berufstätig, sondern nur noch Mutter.

Und dabei lächelte sie glücklich, als fehle ihr nichts.

Urlaub mit einer Motte

Meine Enkelin heißt Pia-Maria. Ihre Mutter, meine Tochter, arbeitet in der Gastronomie, was dazu führte, dass Pia-Maria einen Großteil der Kindheit bei ihren Großeltern verbrachte. Weil sie immer mit ihren Armen fuchtelte, als wollte sie fliegen, nannte ich sie »Motte«. Es gibt ja auch hübsche Motten.

»Motte« begleitete uns auch im Urlaub. Wir machten Quartier in Büsum an der Nordsee. Um sie darauf vorzubereiten, sagte ich, wir führen ans Meer.

Pia-Maria, genannt »Motte«, Anfang der 90er

»Opa, was ist Meer?«, kam prompt die Frage.

»Das ist ein großes Wasser.«

»Wie groß?«

»Größer als eine Badewanne. Und es gibt einen Strand mit viel Buddelsand.«

»Können wir auch mit Eierpampe spielen?«

»Jawohl, können wir.«

Die Pensionswirtin stammte aus Königs Wusterhausen und freute sich über Gäste aus der alten Heimat. Für Motte machte sie fast alles.

Der Anblick der Nordsee ließ mich verstummen wie auch der erste Gang über die Strandpromenade. Kein Strand, wie versprochen, nur in Beton eingelassene Feldsteine.

Der Strand lag etwas abseits. Wir wanderten durchs Watt. Motte, obgleich auf meinen Schultern, sah kein Meer mehr. Sie war enttäuscht.

»Da hat einer den Stöpsel aus der Wanne gezogen«, tröstete ich sie.

»Opa, erzähl nicht solchen Quatsch! Oma hat mir vorhin gesagt, dass der Mond Ebbe und Flut macht. Das Wasser hat sich zurückgezogen, also haben wir Ebbe«, klärte mich die Dreijährige auf.

Mein Gott, diese klugen Kinder …

Enttäuschung

Ein andermal verreisten wir mit Motte nach Brotterode. Wir hatten dort 1962 die Außenaufnahmen für den Film »Die aus der 12b« gedreht. In diesem Streifen nach einem Bühnenstück von Hedda Zinner wirkten damals viele Jugendliche als Schüler mit, die sich später als Schauspieler einen Namen machten: Angelica Domröse, Helga Piur, Peter Reusse, Klaus Gehrke, Günter Junghans ... Auch Gerhard Rachold war mit dabei. Dietlinde Greiff brach sich beim Skilaufen das Bein und musste umbesetzt werden.

Wir hatten uns mit Motte eine Ferienwohnung gemietet. Das Frühstück nahmen wir in dem schönen Garten ein, abends wurde mitunter gegrillt. In der Nähe befanden sich ein Schwimmbad und eine Sommerrodelbahn.

Ich schlug vor, die Sprungschanze zu besuchen, um zu sehen, ob die Baude noch existierte, in welcher wir damals untergebracht worden waren. Motte hat noch nie eine Sprungschanze gesehen, sie würde gewiss staunen. Unser Weg führte über Wiesen mit hohen Gräsern. Die Baude war nicht mehr da, nur ein Restaurant. Es war Ruhetag. Das Panorama war schön, aber ohne Baude nicht mehr so romantisch.

Beim Abstieg kamen wir am Auslauf der Schanze vorbei. Motte wollte nicht hinauf, das war ihr zu hoch. Und was wollte man auch im Sommer auf einer Sprungschanze. Da hatte sie Recht.

War's ein schöner Urlaub? Naja, wenn es die Baude noch gegeben hätte, in der wir damals als Teenager manch feucht-fröhlichen Abend verbracht hatten, bestimmt noch mehr. Es kann mitunter sehr enttäuschend sein, wenn sich eine Erinnerung nicht mehr per Augenschein bestätigen lässt.

Silvester in Crostau

Freund Wolfgang sagt, wir sollen nicht viel Gewese machen und zum Jahreswechsel mit nach Crostau kommen. Das ist ein 400-Seelendorf in der Oberlausitz. Er kennt da eine kleine Pension, da fährt er mit Freunden hin. Für uns wäre gewiss auch noch Platz.

Okay. Also auf nach Crostau mit Motte.

Oma macht Stullen und Bouletten für unterwegs. Motte bestimmt: »Die essen wir auf dem Parkplatz.«

»Da ist es kalt, und womöglich liegt dort bereits Schnee«, gebe ich zu bedenken.

»Man kann sich ja dick anziehen und eine Schneeballschlacht machen«, hält sie dagegen.

In Crostau erwarten uns Wolfgang und Frau und die anderen, sie hatten bereits Quartier gemacht. Nachdem auch wir uns eingerichtet haben, schlägt er vor, was wir als nächstes unternehmen. Wandern natürlich. Er kennt sich hier aus. »Wenn wir über diesen kleinen Anstieg gehen, kommen wir an zwei Gaststätten vorbei. Dort können wir einkehren.«

Das erste Lokal ist überfüllt und Warten sinnlos. Den Grund lesen wir an der Tür des zweiten: »Heute Ruhetag!«

Im dritten Lokal fanden wir Platz und unternahmen als erstes eine Manöverkritik.

Wolfgang verteidigte sich nach dem zweieinhalbstündigen Fußmarsch. Er hätte vorher angerufen, man habe ihm versichert, dass alle Restaurants geöffnet seien.

Motte hatte bezeiten gestreikt und wünschte, auf meiner Schulter zu reisen. Nach einer Stunde drohte ich an diesem Gewicht zu zerbrechen. Ich setzte sie ab, sie maulte ein wenig, aber wanderte dann munter fürbaß.

Da der Schnee ziemlich hoch lag, blieben die Folgen nicht aus. Die Hose war quietschnass, als wir das Lokal erreichten.

Gottlob brauchte die Küche geraume Zeit, um unsere Wandergruppe zu beköstigen, unterdessen trocknete Mottes Hose am Ofen.

Das war inklusive und wurde mit einem üppigen Trinkgeld abgegolten.

Das musste Wolfgang zahlen. Der hatte uns schließlich hierher geschleppt.

Traditionen

Vor mir liegt ein Drehbuch, ich muss Text lernen. Was heißt lernen? Ich muss den Inhalt begreifen, ihn mir zu eigen machen, ihn schmecken, riechen, fühlen und zu jener Person werden, die ihn sprechen wird.

Am Anfang fällt es mir sehr schwer, die Sätze in den Kopf zu kriegen. Beim wiederholten Lesen und lauten Aufsagen bleiben einige Vokabeln hängen. Doch ich bin heute unkonzentriert. Mir geht das Lied von den Partisanen vom Amur nicht aus dem Kopf. Als Ohrwurm hat er sich festgehakt, festgebissen, ständig schwingt die Melodie durchs Hirn und lässt für anderes keinen Platz. Das Lied, also der Wurm, macht sich breit.

Ich summe es in der Hoffnung, dass mir der Text einfällt und ich es dann vergessen werde, um mich auf das Drehbuch zu konzentrieren. Wir haben es früher im Kinderheim gesungen. Ich bekomme nicht alle Strophen zusammen, aber die, an die ich mich erinnere, singe ich laut. Es bereitet mir Befriedigung.

Motte sitzt nebenan im Zimmer und erledigt die Hausaufgaben für die Schule. »Opa, du störst«, pflegt sie mitunter zu rufen. »Ich muss lernen.« Komisch, heute kommt kein Piep.

Später jedoch: »Opa, was ist Ataman, was eine Division?«

Ich erkläre es ihr. Dass Anfang der 20er Jahre die Amurpartisanen einen Sieg über die reaktionären Weißen errungen hatten, jene Banditen, die von den ausländischen Mächten unterstützt wurden, um Sowjetrussland in die Knie zu zwingen. Motte gefällt das Lied, sie will alle Strophen hören. Also beginne ich in den alten Sachen zu wühlen, bis ich das Liederbuch gefunden habe.

Silvester ging es wieder nach Crostau.

Am großen Tisch in der Pension wird angestimmt. Ein Weihnachtslied folgt dem anderen, Volkslieder darunter. Dann erhebt sich plötzlich Motte und stimmt an: »Durchs Gebirge, durch

Brunnenbauer Heinz Schulz in den 70er Jahren

die Steppe zog …« Glockenhell das Stimmchen, die Augen glänzen. Mit Inbrunst singt sie: »… unsre kühne Division / hin zur Küste, dieser weißen / heiß umstrittenen Bastion. /

Rot von Blut wie unsre Fahne / war das Zeug. Doch treu dem Schwur / stürmten wir, die Eskadronen / Partisanen vom Amur. /

Kampf und Ruhm und bittere Jahre. / Ewig bleibt im Ohr der Klang. / Das Hurra der Partisanen, / als der Sturm auf Spassk gelang. / Klingt es auch wie eine Sage, / kann es doch kein Märchen sein: / Wolotschajewska genommen, / Rotgardisten zogen ein. / Und so jagten wir das Pack zum Teufel, / General und Ataman. / Unser Feldzug fand sein Ende / erst am Stillen Ozean.«

Die meisten reagierten erheitert, Motte sang ungerührt weiter. Ich duckte mich feige unter den Tisch, als die Heiterkeit zunahm und zu lautem Lachen wurde. Motte sang tapfer mit Tränen in den Augen weiter. Bis zum Ende.

Oma nahm sie in den Arm und versuchte ihr deutlich zu machen, dass man sie nicht ausgelacht habe, sondern überrascht sei, dass ein so kleines Mädchen ein so altes Lied kenne. »Du musst wissen: Als die früher klein waren, haben sie dieses schöne Lied nämlich auch gesungen, das haben sie wohl vergessen.«

Mit mir sprach Motte an jenem Abend kein Wort. Ich hatte sie verraten. Und sie hat nie wieder dieses schöne Lied gesungen.

Ich habe mich später, als sie schon erwachsen war, für meine Feigheit bei ihr entschuldigt. Es war noch nicht zu spät. Sie hatte das Lied noch immer im Kopf.

Der Eiserne Vorhang

Auf der Ossietzkystraße in Berlin-Pankow hielten zwei Busse. Das Nummernschild verriet ihre Herkunft, sie kamen aus Dortmund.

Die Fahrgäste, so an die achtzig Personen, stiegen aus. Ich eilte zum Schloss zur Kostümprobe und schlängelte mich durch die Massen. Die machten sich auf dem Bürgersteig breit und hielten zusammen wie eine römische Legion, die sich in Feindesland befand.

»Gestatten, darf ich mal? Danke!«

Ich quälte mich mühsam durch den Pulk, der wie Bärenkleister zusammenklebte.

»Kann ich mal, bitte …«

Plötzlich kam aus der Mitte ein Ruf wie Donnerhall. »Wo ist den nun der Eiserne Vorhang?«

Und merkwürdigerweise gingen alle Blicke nach oben. Na klar, Churchill hatte ja damals, 1946, von einem Eisernen Vorhang gesprochen, der sich auf Europa herniedergesenkt habe. Der Vorhang musste, wie alle Vorhänge auch, folgerichtig von oben gekommen sein.

Und Pankoff in der Soffjetzone, wie Adenauer damals sagte, war ja das Synonym für das Kürzel mit den drei Buchstaben, die er nicht in den Mund nahm.

»Sind wir nun in Pankow oder nicht«, setzte der Rufer nach.

»Schonschon«, erwiderte ich ungefragt. »Aber wenn Sie den Eisernen Vorhang sehen wollen, müssen Sie in die Bernauer Straße. Da rostet er vor sich hin.«

TATORT
Mauerpark

DIE MAUER IS' WEG

Tatort »Mauerpark«, 2011

Verrückte Welt

Ich besuchte einen Bekannten in der Nähe von Hamburg. Bei meinem Eintreffen schuftete er im Garten: Er belegte seine Blumenrabatten mit Kieselsteinen. Auf die Frage, was er da treibe und warum, antwortete er: »Wir fahren für 14 Tage in

DIE UNMÖGLICHKEIT
SICH DEN TOD VORZUSTELLEN

Drehbuch für einen Berliner Tatort

*Tatort »Die Unmöglichkeit,
sich den Tod vorzustellen«, 2010*

den Urlaub, und damit nicht alles vertrocknet, packe ich eben Kieselsteine auf die Beete.«

»Haste denn keinen, der bei dir gießen kann?«

»Nee, nicht so richtig, außerdem verplempern die mir zu viel Wasser. Weißt du, wie teuer Wasser ist?«

Ich sehe mir seine schönen Blumen an, Rosen in unterschiedlichen Farben, Malven, mannshoch, in voller Blütenpracht.

»Mann, du hast aber schöne Stockrosen«, sage ich, um überhaupt was auf diese Dämlichkeit zu sagen.

Er sieht mich erstaunt an. »Die kennst du? Gibt es so was auch bei euch?«

Die Blumen ersticken unter Kieselbergen.

Im Westen hält man offenkundig den Suizid für den wirksamsten Schutz vor Mord.

Mit Bier nach Paris

Friedrich Gnaß, von seinen Kollegen Fritze genannt, war dem Alkohol zugetan. Er wohnte allein in Charlottenburg, sein Theater war das Berliner Ensemble am Schiffbauer Damm. Er spielte in den verschiedenen Stücken. Eines Abends erschien er nicht wie gewöhnlich eine Stunde vor Vorstellungsbeginn. Telefonische Anrufe waren erfolglos. Also fuhren zwei Kollegen zu ihm nach Hause, fanden ihn im Bett schlafend, weckten ihn, zogen ihn an und brachten ihn ins Theater.

Schwille und Aljinovic

160

Er spielte die Vorstellung, wurde anschließend wieder nach Hause gefahren und ins Bett gelegt.

Am nächsten Tag meldete sich Fritze bei Helene Weigel, der Intendantin, und entschuldigte sich dafür, dass er die Vorstellung am Vortage versäumt habe.

Womit er bewiesen hatte, dass er seine Rollen im Schlaf spielen konnte.

Als das BE zu einem Gastspiel nach Paris reiste, stiegt Gnaß im Bahnhof Zoo zu. Ein Gepäckträger buckelte einen großen schwarzen Koffer in das Abteil. Er bekam sein Trinkgeld und verschwand schwitzend.

Die Kollegen im Abteil, die das Trumm ins Gepäcknetz wuchten wollten, hinderte er daran.

Alle fragten sich, was Fritze im Koffer hatte, schließlich würde man keine Woche in Paris bleiben. Sie löcherten ihn solange, bis er den Koffer öffnete. Innen am Kofferdeckel hatte er eine Zahnbürste mit Pflaster angeklebt.

Der Rest waren: Bierflaschen.

Gnaß zum Gedächtnis

In den 60er Jahren spielte ich am Berliner Ensemble. Im Stück von Helmut Baierl »Frau Flinz«, das 1961 Premiere hatte, bekam ich eine kleine Rolle. An einer Stelle hatte ich zu sagen: »Bei Bachmeyer an der Theke ...«

Ich unterhielt mich Schauspielerkollegen Stefan Lisewski. »Bachmeyer ist doch bestimmt ausgedacht?«

Da irre ich, sagte Stefan lachend. Bachmeyer sei um die Ecke in der Marienstraße, in der Kneipe habe der 1958 verstorbene Friedrich Gnaß nach der Vorstellung immer sein Bier getrunken. Er werde mir das Lokal mal zeigen.

Das tat er denn auch.

»Und, wo hat er gesessen«, frage ich ihn, nachdem wir die Stufen zum Schankraum hinaufgestiegen waren.

»Gesessen? Da hat immer am Tresen gestanden.«

Der Wirt mischte sich ein. »Sehen Sie das Loch im Linoleum? Das stammt von seinem Gehstock.«

Wir tranken einige Biere zum Andenken an unseren berühmten Kollegen aus dem Ruhrpott, der seit 1926 in Berlin Theater spielte und in

Filmen mitwirkte, die in die Geschichte eingingen. Er war, zum Beispiel, der Bauarbeiter Max in »Mutter Krausens Fahrt ins Glück« und der Einbrecher in Fritz Langs »M«.

Von Bachmeyers Theke wechselten wir in die Kantine des Deutschen Theater, später waren wir noch in der Z-Bar in der Friedrichstraße.

Als wir uns verabschiedeten, verfehlten sich unser beider Hände.

Da wusste ich, dass mein Maß voll war.

Das Sündikat

Der Kabarettist Wolfgang Koch gestand mir einmal, er sei als Schüler bei mir zu Hause gewesen und habe mich ersucht, ihm ein Brecht-Gedicht beizubringen, das er in der Schule vortrug. Er habe dafür eine 2 bekommen.

Ich konnte mich an diese Begegnung nicht mehr erinnern. Wohl aber, dass er mit Axel Lutter und Fabricio Fettig mit ihrem Kabarett »Sündikat« auf die Pauke haut, dass es nur so kracht.

Es ergab sich, dass er ein Weihnachtsprogramm inszenierte, in das er mich einbaute. Die Vorstellungen waren immer ausverkauft, erst in der Spielstätte in der Markthalle am Alexanderplatz, welche jetzt Berlin-Carree heißt, später in Marzahn. Denn es folgten alljährlich zur Weihnachtszeit Wiederholungen.

Wolfgang revanchierte sich im Sommer und lud zu Kaffee und Kuchen und zum Grillen.

Bei einem dieser Treffen erzählte Jürgen Zartmann eine Geschichte. Einige Szenen für die Fernsehserie »Zur See« wurden in Constanza in Rumänien gedreht. Vor dem Flug war irgendwo auf der Welt eine Maschine abgestürzt, was ihn und Günter Schubert veranlasste, einen Arzt aufzusuchen. Sie hatten es nämlich mit der Angst zu tun bekommen. Der Mediziner riet ihnen, vorm Einchecken ein Bier zu trinken und dann, im Warteraum, etwas Härteres nachzuschütten. Das hülfe gegen die Flugangst.

Sie saßen vier Stunden im Warteraum und waren hackedicht, als sie ins Flugzeug stiegen.

Die Angst war wie weggeblasen.

Nicht aber der Kater, den sie am nächsten Tag hatten.

Titel mit Tiefgang

Das Filmmuseum in Potsdam lud mich ein, mit Schülern über den Film »Berlin – Ecke Schönhauser« zu sprechen. Zu meiner Freude traf ich dort auch Christel Bodenstein. Wir unterhielten uns über unsere Jugend und die gemeinsamen Jahre an der Filmhochschule.

Nach der Veranstaltung teilte mir eine freundliche Mitarbeiterin mit, dass in der Ausstellung »60 Jahre DEFA« ein Brief von mir hänge. Ich hatte diesen vor über einem Halbjahrhundert an die DEFA gerichtet.

Tatort »Blinder Glaube«, 2008

Ich las ihn mit einigem Erstaunen und mit Wiedersehensfreude, dann aber ärgerte ich mich, dass man – ohne mich zu fragen – dieses private Schriftstück auf diese Weise öffentlich gemacht hatte.

Im Grunde meines Herzens aber war ich froh, dass jemand dieses Dokument für wert befunden hatte, in die Ausstellung aufzunehmen. Es stand nicht nur am Beginn meiner Kino-Laufbahn, sondern war auch ein Stück DEFA-Geschichte. Es ging um meine Mitwirkung im Film »Alarm im Zirkus«.

Ein sehr gegenwärtiger Titel, wie ich meine.

Berufswechsel

Im siebten Jahr unserer Tatort-Zusammenarbeit rief mich Hauptkommissar Boris Aljinovic an. »Schwille, hast du Lust, bei einem Tatort-Hörspiel mitzumachen?«

Da ich nur Kommissar bin, musste ich ja zustimmen. »Aber hör mal: Du schickst mir vorher eine Leseprobe, damit ich mich vorbereiten kann.«

Das sei nicht nötig. Den Text spreche er allein, sagte Boris.

Was soll ich denn da, gab ich verwundert von mir, wenn es für mich keinen Text gebe?

Ähm, sagte Boris, du machst die Geräusche.

»Hast du sie noch alle? Ich bin kein Geräuschemacher, dafür gibt es Profis.«

Jaja, aber es handele sich um eine öffentliche Veranstaltung, das heißt, die Leute wollten nicht nur *hören*, sondern auch etwas *sehen*. Wenn er zum Beispiel sage: Die Täter treten die Tür ein, dann sollten die Zuhörer sehen, wie ich Bleistifte zerbräche, und nicht nur das Splittern von Holz akustisch vernehmen.

»Nee, Boris, so geht das nicht.«

»Klar geht das.« Er probierte es selbst, aber stellte fest, dass brechende Bleistifte doch nicht wie eine splitternde Holztür klangen. »Also gut, nehmen wir dünne Leisten.«

Er legten sie über eine Ecke und trat diese mit dem Fuß durch. Naja, das klang fast so, als hätte er gegen eine sehr, sehr dünne Tür aus Sperrholz getreten.

So testeten wir einiges.

Jemand streift durch ein Gebüsch: wir nahmen eine Reisigbesen und spielten Harfe auf den Borsten.

Laufen über einen Kiesweg simulierte wir mit Zucker.

Das Tatütata der Polizei erzeugten wir mit dem Spielzeugauto seines Sohnes. Das blinkte und quäkte und hatte absolut keine Ähnlichkeit mit einer Polizeisirene ...

Wie sich zeigte, hatten die Zuhörer als Zuschauer trotzdem ihren Spaß.

Vielleicht liegen meine künstlerischen Qualitäten ja doch auf einem anderen Feld.

Inhalt

ISBN 978-3-89793-275-3

© 2012 verlag am park in der edition ost GmbH, Berlin
Satz und Layout: edition ost
Titel: edition ost unter Verwendung eines Fotos von © Robert Allertz
Die Vignetten stammen von Boris Aljinovic zumeist aus Drehbüchern für
den ARD-Tatort

Die Bücher des verlags am park und der edition ost
werden vertrieben von der Eulenspiegel Verlagsgruppe.

14.95 Euro

www.eulenspiegel-verlagsgruppe.de